ZHENGFU BUMEN CAIWU BAOGAO BIANZHI
CAOZUO ZHINAN (SHIXING)

政府部门财务报告编制操作指南(试行)

中华人民共和国财政部 制定

立信会计出版社
LIXIN ACCOUNTING PUBLISHING HOUSE

图书在版编目（CIP）数据

政府部门财务报告编制操作指南：试行 / 中华人民
共和国财政部制定 . —上海：立信会计出版社，2018.4
ISBN 978-7-5429-5775-7

Ⅰ . ①政⋯　Ⅱ . ①中⋯　Ⅲ . ①国家行政机关—财务
管理—研究报告—编制—中国—指南—Ⅳ . ① F812-62

中国版本图书馆 CIP 数据核字（2018）第 077291 号

责任编辑　　何颖颖

政府部门财务报告编制操作指南（试行）

出版发行	立信会计出版社	
地　　址	上海市中山西路 2230 号	邮政编码　200235
电　　话	（021）64411389	传　真　（021）64411325
网　　址	www.lixinaph.com	电子邮箱　lxaph@sh163.net
网上书店	www.shlx.net	电　话　（021）64411071
经　　销	各地新华书店	

印　　刷	北京鑫海金澳胶印有限公司
开　　本	710 毫米 × 1000 毫米　1/16
印　　张	16.5
字　　数	278 千字
版　　次	2018 年 4 月第 1 版
印　　次	2018 年 4 月第 1 次
书　　号	ISBN 978-7-5429-5775-7 / F
定　　价	48.00 元

如有印订差错，请与本社联系调换

关于修订印发《政府部门财务报告编制操作指南（试行）》的通知

财库〔2018〕29号

党中央有关部门，国务院各部委、各直属机构，全国人大常委会办公厅，全国政协办公厅，高法院，高检院，各民主党派中央，有关人民团体，各省、自治区、直辖市、计划单列市财政厅（局），新疆生产建设兵团财政局：

为进一步推进权责发生制政府综合财务报告制度改革，规范改革试点期间政府部门财务报告编制工作，结合2017年政府财务报告编制试点情况，我部对《政府部门财务报告编制操作指南（试行）》（财库〔2015〕223号）进行了修订。现将修订后的《政府部门财务报告编制操作指南（试行）》予以印发，自印发之日起施行。

执行中有何问题，请及时反馈我部。

财政部
2018年3月

目　　录

政府部门财务报告编制操作指南

（试行）

第一章　总　　则

第一条　为规范权责发生制政府综合财务报告制度改革试点期间的政府部门财务报告编制工作，确保政府部门和单位准确、完整编制政府部门财务报告，根据《财政部关于印发〈政府财务报告编制办法（试行）〉的通知》（财库〔2015〕212号）和相关会计制度，制定本指南。

第二条　政府部门财务报告以权责发生制为基础，主要反映政府部门（单位）的财务状况、运行情况等信息，具体包括财务报表和财务分析。

第三条　财务报表包括会计报表和报表附注。会计报表包括资产负债表、收入费用表、当期盈余与预算结余差异表和净资产差异表。

（一）资产负债表。反映政府部门年末财务状况。资产负债表应当按照资产、负债和净资产分类分项列示。

（二）收入费用表。反映政府部门年度运行情况。收入费用表应当按照收入、费用和盈余分类分项列示。

（三）当期盈余与预算结余差异表。反映政府部门权责发生制基础当期盈余与现行会计制度下当期预算结余之间的差异。

（四）净资产差异表。反映政府部门权责发生制基础年末净资产与现行会计制度下年末净资产之间的差异。

（五）报表附注。重点对会计报表作进一步解释说明。

第四条　政府部门财务分析主要包括资产负债状况分析、运行情况分析、相关指标变化情况及趋势分析，以及政府部门财务管理方面采取的主要措施和取得成效等。

第五条　政府部门财务报告由纳入部门决算管理范围的行政单位、事业单位和社会团体逐级编制。各单位应当按照本指南规定编制本单位财务报告并报送上级单位；上级单位除编制本单位财务报告外，还应当按照本指南规定对所属单位财务报表进行合并，撰写财务分析，形成合并财务报告。主管部门编制的合并财务报告，即部门财务报告。

第二章　政府部门会计报表项目

第一节　资产负债表项目

第六条　资产负债表（样式见附 1 中表 1）具体包括如下项目：

（一）资产类项目

1. 货币资金，反映政府部门持有的货币资金的期末余额，包括库存现金、银行存款和其他货币资金等。

2. 财政应返还额度，反映政府部门期末应收财政返还的资金额度。

3. 应收票据，反映政府部门应收票据的期末余额，主要包括因开展经营活动销售产品、提供有偿服务等收到的商业汇票等。

4. 应收利息，反映政府部门尚未收回的应收利息期末余额。

5. 应收股利，反映政府部门尚未收回的现金股利或利润期末余额。

6. 应收账款，反映政府部门应收账款的期末余额，主要包括因开展业务活动销售产品、提供有偿服务等而应收取的款项。

7. 预付账款，反映政府部门预付账款的期末余额，主要包括按照购货、服务合同规定预付给供应单位或个人的款项。

8. 其他应收款，反映政府部门其他应收款的期末余额。

9. 短期投资，反映政府部门持有的能够随时变现并且持有时间不准备超过 1 年（含 1 年）的投资期末余额。

10. 存货，反映政府部门在开展业务活动及其他活动中为耗用而储存的材料、燃料、包装物和低值易耗品等的期末余额。

11. 一年内到期的非流动资产，反映政府部门持有的将于 1 年内（含 1 年）到期或准备于 1 年内（含 1 年）变现的长期投资等的期末余额。

12. 长期投资，反映政府部门持有时间超过 1 年且不在 1 年内变现或到期的各种股权和债权投资等的期末余额。

13. 固定资产原值，反映政府部门持有的固定资产原值的期末余额。

14. 固定资产累计折旧，反映政府部门持有的固定资产已计提累计折旧的期末余额。

15. 固定资产净值，反映政府部门持有的固定资产原值减去累计折旧后的期末余额。

16. 在建工程，反映政府部门尚未完工交付使用的在建工程实际成本的期末余额。

17. 无形资产原值，反映政府部门持有的无形资产原值的期末余额。

18. 无形资产累计摊销，反映政府部门持有的无形资产已计提累计摊销的期末余额。

19. 无形资产净值，反映政府部门持有的无形资产原值减去累计摊销后的期末余额。

20. 政府储备资产，反映政府部门控制的战略及能源物资、抢险抗灾救灾物资等储备物资期末余额。

21. 公共基础设施原值，反映政府部门管理的公共基础设施原值的期末余额。

22. 公共基础设施累计折旧，反映政府部门管理的公共基础设施已计提累计折旧的期末余额。

23. 公共基础设施净值，反映政府部门管理的公共基础设施原值减去累计折旧后的期末余额。

24. 公共基础设施在建工程，反映政府部门尚未完工交付使用的公共基础设施在建工程实际成本的期末余额。

25. 其他资产，反映政府部门持有的其他资产的期末余额。

26. 受托代理资产，反映政府部门接受委托方委托管理的各项资产的期末余额。

（二）负债类项目

1. 短期借款，反映政府部门借入的期限在 1 年内（含 1 年）的各种借款期末余额。

2. 应缴财政款，反映政府部门取得的按照规定应当上缴财政款项的期末余额。

3. 应缴税费，反映政府部门按照国家税法等有关规定应当缴纳的各种税费期末余额。

4. 应付票据，反映政府部门应付票据的期末余额，主要包括因购买材料、物资等开出、承兑的商业汇票等。

5. 应付利息，反映政府部门尚未支付的应付利息期末余额。

6. 应付账款，反映政府部门应付账款的期末余额，主要包括因购买物资或服务、工程建设等应付的偿还期限在 1 年内（含 1 年）的款项。

7. 预收账款，反映政府部门预收账款的期末余额，主要包括按合同规定预收的款项。

8. 其他应付款，反映政府部门其他应付款项的期末余额。

9. 应付职工薪酬，反映政府部门按照有关规定应付给职工的各种薪酬期末余额。

10. 应付政府补贴款，反映政府部门按照有关规定应付的各种政府补贴款期末余额。

11. 一年内到期的非流动负债，反映政府部门承担的 1 年内（含 1 年）到期的非流动负债期末余额。

12. 长期借款，反映政府部门承担的偿还期限超过 1 年的借入款项减去将于 1 年内（含 1 年）到期部分后的期末余额。

13. 长期应付款，反映政府部门承担的偿付期限超过 1 年的应付款项减去将于 1 年内（含 1 年）到期部分后的期末余额。

14. 受托代理负债，反映政府部门接受委托，取得受托管理资产而形成负债的期末余额。

（三）净资产类项目

净资产：反映政府部门期末总资产减去总负债的差额。

第二节　收入费用表项目

第七条　收入费用表（样式见附 1 中表 2）具体包括如下项目：

（一）收入类项目

1. 财政拨款收入，反映政府部门本期从同级财政部门取得的财政预算资金。

2. 事业收入，反映政府部门本期开展专业业务活动及其辅助活动取得的收入。上缴国库或者财政专户的资金不属于事业收入，从财政专户核拨给事业单位的资金和经核准不上缴国库或者财政专户的资金，属于事业收入。

3.经营收入，反映政府部门本期开展经营活动取得的收入。

4.投资收益，反映政府部门本期因持有各类股权债权投资取得的收益（或承担的损失）。

5.上级补助收入，反映政府部门本期取得的上级补助收入，主要包括事业单位从主管部门和上级单位取得的非财政补助收入。

6.附属单位上缴收入，反映政府部门本期取得的附属单位上缴收入，主要包括事业单位附属独立核算单位按照有关规定上缴的收入。

7.其他收入，反映政府部门本期取得的除上述收入之外的其他收入金额。

（二）费用类项目

1.工资福利费用，反映政府部门本期应支付给在职职工和编制外长期聘用人员的各类劳动报酬，以及为上述人员缴纳的各项社会保险费等。

2.商品和服务费用，反映政府部门本期购买商品和服务发生的费用金额，包括办公费、差旅费、劳务费等。

3.对个人和家庭的补助，反映政府部门本期用于对个人和家庭的补助金额。

4.对企事业单位的补贴，反映政府部门本期对未进入部门决算编报范围的企业、事业单位及民间非营利组织的各类补贴。

5.折旧费用，反映政府部门本期应对固定资产、公共基础设施资产提取的折旧费用。

6.摊销费用，反映政府部门本期应对无形资产提取的摊销费用。

7.财务费用，反映政府部门本期有偿使用相关资金而发生的不应资本化的费用。

8.经营费用，反映政府部门本期开展经营活动发生的费用。

9.上缴上级支出，反映政府部门本期发生的上缴上级支出，主要包括事业单位按照财政部门和主管部门的规定上缴上级单位的支出。

10.对附属单位补助支出，反映政府部门本期发生的对附属单位补助支出，主要包括事业单位用财政补助收入之外的收入补助附属单位的支出。

11.其他费用，反映政府部门本期发生的除上述费用以外的其他费用。

（三）盈余类项目

当期盈余，反映政府部门的本期总收入减去总费用的差额。

第三节　当期盈余与预算结余差异表项目

第八条　当期盈余与预算结余差异表（样式见附1中表3）具体包括如下项目：

（一）当期预算结余

本项目反映政府部门本期会计账簿的总收入减去总支出的差额。

（二）差异事项

本项目反映政府部门按权责发生制对当期费用进行调整导致当期盈余与预算结余的差异。具体包括因购买商品和服务发生预付账款、应付账款、长期应付款，发生资本性支出，取得和领用存货及政府储备资产，计提折旧和摊销等事项产生的差异。

（三）当期盈余

本项目反映政府部门权责发生制基础的本期总收入减去总费用的差额。

第四节　净资产差异表项目

第九条　净资产差异表（样式见附1中表4）具体包括如下项目：

（一）净资产账面余额

本项目反映政府部门会计账簿记录的净资产账面余额。

（二）差异事项

本项目反映政府部门因补提累计折旧和累计摊销产生的差异。

（三）调整后的净资产

本项目反映政府部门权责发生制基础的净资产。

第三章　政府部门会计报表编制

第十条　政府部门会计报表编制工作分为两个阶段：根据单位会计账簿，采用调整的方法，编制单位会计报表；有所属单位的单位除编制本单位会计报表外，应采用抵销的方法，逐级对单位会计报表数据进行合并，编制合并会计报表。

（一）编制单位会计报表

按照权责发生制原则，对单位会计账簿相关数据进行调整后，编制单位会计报表。调整事项应当编制调整分录。

（二）编制合并会计报表

上级单位除编制本单位会计报表外，应对所属单位之间发生的经济业务或事项进行抵销，编制合并会计报表。抵销事项应当编制抵销分录。

第一节　资产负债表和收入费用表编制

第十一条　单位资产负债表和收入费用表的编制包括填列会计账簿数据、编制调整分录、计算加总数据、生成会计报表四个步骤。

（一）填列会计账簿数据

各单位按照《会计科目与报表项目对照表》（附2），将本单位会计账簿中资产、负债、净资产科目期末余额和收入、支出科目本期发生额填入《调整工作底表》（附3）中"原有金额"列下对应栏。

（二）编制调整分录

对于按权责发生制原则应当调整的项目，按照《调整事项清单》

（附4），逐项编制调整分录，填入调整工作底表"调整金额"栏。调整事项如下：

1. 调整"资本性支出"的处理方法。

按照权责发生制原则，单位当期发生的资本性支出（具体包括形成资产的基本建设支出、其他资本性支出、债务利息支出等）不属于当期费用，应调减费用总额。调整分录为：借记"净资产"，贷记"资本性支出"。

基本建设支出和其他资本性支出中属于江河清障、航道清淤、飞播造林、补助群众造林、水土保持、城市绿化、取消项目的可行性研究费以及项目报废等不能形成资产的部分，列入调整工作底表"其他费用"项目。

例：某地环卫部门购入一批环卫车辆，购车款600万元已全部支付到位。相关支出不属于费用，该单位编制当期财务报告时，调整分录如下：

借：净资产 6 000 000
  贷：资本性支出 6 000 000

例 某事业单位从银行贷款1 000万元，用于改扩建业务用房。当年支付利息费用60万元，记入在建工程成本。该单位编制当期财务报告时，调整分录如下：

借：净资产 600 000
  贷：资本性支出 600 000

2. 调整"折旧费用"和"摊销费用"的处理方法。

（1）按照权责发生制原则，当期发生的折旧费用和摊销费用属于当期费用，应调增费用总额。执行行政单位会计制度、事业单位会计制度、高等学校会计制度、科学事业单位会计制度、彩票机构会计制度的单位，根据会计账簿"累计折旧"、"累计摊销"科目当期贷方发生额中属于当期应计提部分，编制调整分录：借记"折旧费用"、"摊销费用"，贷记"净资产"。

执行医院会计制度的单位，对于应计提折旧、摊销额中属于由财政补助、科教项目资金形成的部分，应编制调整分录：根据"待冲基金"科目借方发生额中折旧、摊销形成的部分，借记"折旧费用"、"摊销费用"，贷记"净资产"。

执行地质勘查单位会计制度、民间非营利组织会计制度、企业会计制度的单位，已计提折旧和摊销费用，无需调整。

例 某单位当期计提固定资产折旧30万元，无形资产摊销5万元。

该单位编制当期财务报告时，调整分录如下：

借：折旧费用   300 000

  摊销费用   50 000

  贷：净资产   350 000

（2）执行中小学会计制度、基层医疗卫生机构会计制度和测绘事业单位会计制度的单位，应根据权责发生制原则补提折旧、摊销，编制调整分录：属于当期发生的部分，借记"折旧费用"、"摊销费用"，贷记"累计折旧"、"累计摊销"；属于以前年度发生的部分，借记"净资产"，贷记"累计折旧"、"累计摊销"。

例 某单位台式电脑账面金额合计 26.5 万元，尚未计提折旧。按规定电脑平均折旧年限为 5 年，截至年底已使用 3 年整。该单位拥有一项专利使用权账面金额为 10 万元，尚未计提摊销。根据合同，该专利使用权使用期限为 10 年，截至年底已使用 5 年。该单位编制当期财务报告时，调整分录如下：

借：净资产（265 000 × 2/5+100 000 × 4/10） 146 000

  折旧费用（265 000 × 1/5）   53 000

  摊销费用（100,000 × 1/10）   10 000

  贷：累计折旧（265 000 × 3/5）   159 000

    累计摊销（100 000 × 5/10）   50 000

3. 执行行政单位会计制度的单位，根据"预付账款"科目发生额调整"商品和服务费用"的处理方法。

（1）根据"预付账款"科目借方发生额中属于购买商品和服务预付的金额，编制调整分录：借记"净资产"，贷记"商品和服务费用"。

例 2014 年 1 月 1 日，某行政单位租赁办公用房一栋，租金为 20 万元 / 年。根据出租方要求，该单位于年初一次性支付 3 年租金 60 万元，已列当期支出。该单位当期"预付账款"科目借方发生额 60 万元。该单位编制当期财务报告时，调整分录如下：

借：净资产   600 000

  贷：商品和服务费用   600 000

（2）根据"预付账款"科目贷方发生额中因收到商品和服务而冲销的金额，编制调整分录：借记"商品和服务费用"，贷记"净资产"。

例 （接上例）2014 年年末，按照权责发生制原则，应按照本期收到商品和服务对应的预付账款金额确认费用。该单位当期"预付账款"科目贷方发生额 20 万元。该单位编制当期财务报告时，调整分录如下：

借：商品和服务费用   200 000
 贷：净资产   200 000

4. 执行行政单位会计制度的单位，根据"应付账款"、"长期应付款"科目发生额调整"商品和服务费用"的处理方法。

（1）根据"应付账款"、"长期应付款"科目贷方发生额中因购买商品和服务发生的金额，编制调整分录，借记"商品和服务费用"，贷记"净资产"。

例 2014 年末，某行政单位召开会议，已取得会议费发票 10 万元，因年终轧账，当期未能支付至收款方，单位已记入"应付账款"。该单位当期"应付账款"科目贷方发生额 10 万元。该单位编制当期财务报告时，调整分录如下：

借：商品和服务费用   100 000
 贷：净资产   100 000

（2）根据"应付账款"、"长期应付款"科目借方发生额中属于偿还因购买商品和服务的金额，编制调整分录，借记"净资产"，贷记"商品和服务费用"。

例 2015 年，某行政单位偿还的应付账款中，属于偿还因购买商品和服务的应付账款 10 万元。该单位编制当期财务报告时，调整分录如下：

借：净资产   100 000
 贷：商品和服务费用   100 000

5. 根据"存货"、"政府储备物资"科目发生额调整"商品和服务费用"的处理方法。

（1）执行行政单位会计制度的单位，应根据领用和发出存货、政府储备资产情况调整"商品和服务费用"，编制调整分录。按照"存货"、"政府储备资产"科目当期借方发生额（减去当期盘盈）编制调整分录，借记"净资产"，贷记"商品和服务费用"；按照"存货"、"政府储备资产"科目当期贷方发生额（减去当期盘亏）编制调整分录，借记"商品和服务费用"，贷记"净资产"。

（2）执行彩票机构会计制度的单位，按照"库存彩票"科目当期借方发生额编制调整分录，借记"净资产"，贷记"商品和服务费用"；按照"库存彩票"科目当期贷方发生额编制调整分录，借记"商品和服务费用"，贷记"净资产"。

（3）执行医院会计制度的单位，根据"待冲基金"科目贷方发生额中因取得存货形成的部分编制调整分录，借记"净资产"，贷记"商品和服务费用"；根据"待冲基金"科目借方发生额中因领用存货减少的部分编制调整分录，借记"商品和服务费用"，贷记"净资产"。

例 某行政单位 2014 年购入一批自用存货，共计 10 万元，当期领用存货 6 万元。该单位编制当期财务报告时，调整分录如下：

借：净资产 100 000
　　贷：商品和服务费用 100 000
借：商品和服务费用 60 000
　　贷：净资产 60 000

6. 根据当期盈余与预算结余差额调整净资产的处理方法。

计算当期盈余与预算结余的差额，公式如下：

$$当期盈余与预算结余的差额 = 收入调增额 - 收入调减额 - 费用调增额 + 费用调减额$$

如差额为正数，则调增"净资产"；如差额为负，则调减"净资产"。

（三）计算加总数据

将调整工作底表各项目对应的"原有金额"、"调整金额"中的数据分别加总，将合计数填入"调整后金额"栏。根据报表项目分类，计算资产、负债、净资产、收入、费用合计。按照"当期盈余＝本期总收入—本期总费用"，计算当期盈余金额。

（四）生成会计报表

1. 对调整后的各项目金额进行试算平衡。试算平衡方法：

按照"期末净资产＝净资产账面余额＋根据所有调整分录汇总的净资产调整额"，计算单位期末净资产总额。所计算的期末净资产总额应当符合恒等式："期末净资产＝期末总资产－期末总负债"计算的期末净资产总额。

2. 将调整工作底表中各项目对应的"调整后金额"栏数据分别填入单位会计报表中"资产负债表"的"年末数"栏，"收入费用表"的"本年数"栏，生成"资产负债表"和"收入费用表"。

第十二条 合并资产负债表和收入费用表的编制包括汇总单位资产负债和收入费用表、编制抵销分录、生成合并会计报表三个步骤。

（一）汇总单位资产负债表和收入费用表

上级单位对各所属单位上报的资产负债表和收入费用表进行分项加总，得出汇总的资产负债表和收入费用表。

（二）编制抵销分录

上级单位按照《抵销事项清单》（附6）对所属单位之间发生的经济业务或事项，确认后予以抵销，并编制抵销分录和抵销工作底表（附5）。

1. 抵销政府部门内部债权债务事项。

对经确认的内部债权债务事项，应编制抵销分录：借记"应付账款"、"预收账款"、"其他应付款"、"长期应付款"，贷记"应收账款"、"预付账款"、"其他应收款"。

例 A单位有2个所属单位A1、A2单位。A1单位会计报表"其他应收款"明细信息显示，A1单位应收A2单位款项500万元，A2单位会计报表"其他应付款"明细信息显示，A2单位应付A1单位款项500万元。A单位经与A1、A2两单位确认无误后，在编制合并会计报表时，抵销分录如下：

借：其他应付款   5 000 000

    贷：其他应收款   5 000 000

2. 抵销政府部门内部收入费用事项。

对经确认的内部收入费用事项，应编制抵销分录：

（1）"上级补助收入"与"对附属单位补助支出"之间存在抵销关系，抵销分录为：借记"上级补助收入"，贷记"对附属单位补助支出"。

（2）"附属单位上缴收入"与"上缴上级支出"之间存在抵销关系，抵销分录为：借记"附属单位上缴收入"，贷记"上缴上级支出"。

（3）"事业收入"、"经营收入"、"其他收入"中属于来自本部门内部单位的部分与"商品和服务费用"、"经营费用"中属于支付给本部门内部单位的部分存在抵销关系，抵销分录为：借记"事业收入"、"经营收入"、"其他收入"，贷记"商品和服务费用"、"经营费用"。

例 A单位有2个所属单位A1、A2单位。A1单位会计报表"事业收入"明细信息显示，A1单位来自A2单位款项为420万元，A2单位会计报表"商品和服务费用"明细信息显示，A2单位支付给A1单位款项420万元。

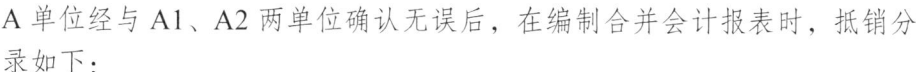

A 单位经与 A1、A2 两单位确认无误后，在编制合并会计报表时，抵销分录如下：

> 借：事业收入——A2 单位   4 200 000
> 贷：商品和服务费用——A1 单位   4 200 000

（三）生成合并会计报表

将抵销分录中相关数据填入抵销工作底表（附 5）。根据抵销工作底表"合计"栏数据，对汇总后的资产负债表、收入费用表相关项目进行抵销，生成合并资产负债表和收入费用表。

第二节 当期盈余与预算结余差异表的编制

第十三条 单位当期盈余与预算结余差异表主要依据会计账簿和调整分录编制，具体方法如下：

（一）当期预算结余

本项目根据单位会计账簿上收入总额减去支出总额的差额填列。

（二）差异事项

本项目所包含的具体项目填列方法如下：

1. 当期预付的商品和服务支出金额：根据调整事项清单中事项 1 对应的调整分录中"商品和服务费用"项目贷方金额填列。

2. 支付应付未付的商品和服务支出金额：根据调整事项清单中事项 6 对应的调整分录中"商品和服务费用"项目贷方金额填列。

3. 当期购买的存货和政府储备资产金额：根据调整事项清单中事项 3 对应的调整分录中"商品和服务费用"项目贷方金额填列。

4. 当期发生的资本性支出：根据调整事项清单中事项 7 对应的调整分录中"资本性支出"项目贷方金额填列。

5. 当期收到已预付账款的商品和服务金额：根据调整事项清单中事项 2 对应的调整分录中"商品和服务费用"项目借方金额填列。

6. 当期发生的应付未付商品和服务金额：根据调整事项清单中事项 5 对应的调整分录中"商品和服务费用"项目借方金额填列。

7. 当期领用存货和发出的政府储备资产金额：根据调整事项清单中事项 4 对应的调整分录中"商品和服务费用"项目借方金额填列。

8. 当期折旧费用：根据调整事项清单中事项 8、9 对应的调整分录中"折旧费用"项目借方金额填列。

9. 当期摊销费用：根据调整事项清单中事项 10、11 对应的调整分录中"摊销费用"项目借方金额填列。

（三）当期盈余

本项目根据调整后的收入总额减去费用总额的差额填列。

第十四条　合并当期盈余与预算结余差异表，由上级单位将所属各单位当期盈余与预算结余差异表数据分别加总生成。

第三节　净资产差异表的编制

第十五条　单位净资产差异表主要依据会计账簿和调整分录编制，具体方法如下：

（一）净资产账面余额

本项目根据单位会计账簿上净资产期末余额填列。

（二）差异事项

1. 补提累计折旧：根据调整事项清单中事项 9 对应的调整分录中"累计折旧"项目贷方金额填列。

2. 补提累计摊销：根据调整事项清单中事项 11 对应的调整分录中"累计摊销"项目贷方金额填列。

（三）调整后的净资产

本项目根据上述各项数据计算填列。

第十六条　合并净资产差异表，由上级单位将所属各单位净资产差异表数据分别加总生成。

第四章　会计报表附注编制

第一节　会计报表的编制基础

第十七条　政府部门会计报表以权责发生制为基础编制。

第二节　遵循相关规定的声明

第十八条　政府部门应当声明编制的会计报表符合政府会计准则、相关会计制度和财务报告编制规定的要求，如实反映政府部门的财务状况、运行情况等有关信息。

第三节　会计报表包含的主体范围

第十九条　报表包含的主体范围主要反映报表编制主体的基本情况，包括所属单位的名称、性质（如：行政单位、事业单位或社会团体）、人员编制、实有人数等基本信息。

第四节　重要会计政策与会计估计

第二十条　对会计报表重要项目的含义、确认原则、计量方法等会计政策，以及具体会计方法进行解释和说明。涉及固定资产、公共基础设施的，应说明固定资产、公共基础设施的类别、折旧年限及折旧方法。涉及无形资产的，应说明无形资产的类别、摊销年限及摊销方法等。

第五节　会计报表重要项目的明细信息及说明

第二十一条　对资产负债表和收入费用表中重要项目进行更为详细的披露，便于报表信息使用者更好地理解报表信息，为编制政府部门财务报表和政府综合财务报表提供抵销所需数据。报表重要项目明细信息应包括但不限于下列报表（样式见附1中附表1-21）：

（一）货币资金明细表；

（二）应收账款明细表；

（三）预付账款明细表；

（四）其他应收款明细表；

（五）长期投资及投资收益明细表；

（六）固定资产明细表；

（七）在建工程明细表；

（八）无形资产明细表；

（九）政府储备资产明细表；

（十）公共基础设施明细表；

（十一）公共基础设施在建工程明细表；

（十二）应付账款明细表；

（十三）预收账款明细表；

（十四）其他应付款明细表；

（十五）长期借款明细表；

（十六）长期应付款明细表；

（十七）事业收入明细表；

（十八）经营收入明细表；

（十九）其他收入明细表；

（二十）商品和服务费用明细表；

（二十一）经营费用明细表。

第六节　未在会计报表中列示的重大事项

第二十二条　未在会计报表中列示但对政府部门财务状况有重大影响的事项需要在报表附注中披露。

（一）政府部门股权投资的投资成本。按照投资对象分别列示股权投资成本。

（二）资产负债表日后重大事项。

（三）或有和承诺事项。逐笔披露政府部门或有事项的事由和金额，如担保事项、未决诉讼或仲裁的财务影响等，若无法预计应说明理由；逐笔披露政府承诺事项的具体内容。

（四）对于政府部门管理的公共基础设施、文物文化资产、保障性住房、自然资源资产等重要资产，披露种类和实物量等相关信息。

（五）其他未在报表中列示，但对政府部门财务状况有重大影响的事项。

第七节　需要说明的其他事项

第二十三条　会计报表附注应对会计政策变更、会计估计变更、以前年度差错更正等其他需要说明的事项进行披露。

第五章　政府部门财务分析

第一节　内容构成

第二十四条　政府部门财务分析主要包括以下内容：

（一）政府部门基本情况介绍

政府部门基本情况主要包括部门基本职能、机构设置、年度工作目标计划及执行情况、绩效目标及完成情况等。

（二）政府部门资产负债状况分析

1.结合政府部门职能、工作任务、相关政策要求等，对货币资金、固定资产、政府储备资产、公共基础设施等重要资产项目的结构特点和变化情况进行分析，并评估对政府部门提供公共服务的能力的影响。

2.结合短期借款、长期借款等重点负债项目的增减变化情况，分析政府部门债务规模和债务结构等。

3.运用资产负债率、现金比率、流动比率等指标，分析评估政府部门当期及未来中长期财务风险及可控程度，需要采取的措施等。

（三）政府部门运行情况分析

1.分析政府部门的收入规模、结构及来源分布、重点收入项目的比重和变化趋势，以及经济形势、相关财政政策等对政府部门收入变动的影响等。

2. 分析政府部门费用规模、构成及变化情况，特别是政府部门控制行政成本的政策、投融资情况及对费用变动的影响等。

3. 运用政府部门的收入费用率等指标，分析政府部门收入用于支付费用的比例情况。

（四）政府部门财务管理情况

从部门预算管理、内控管理、资产管理、绩效管理、人才队伍建设等方面反映部门加强财务管理的主要措施和取得成效。

第二节　分析方法和指标

第二十五条　政府部门可采取比率分析法、比较分析法、结构分析法、趋势分析法等方法进行财务分析。

第二十六条　政府部门进行财务分析可参考使用以下指标：

分析指标表

序号	指标名称	公　式	指标说明
1	资产负债率	负债总额 / 资产总额	反映政府部门偿付全部债务本息能力的基本指标。
2	现金比率	（货币资金＋财政应返还额度）/ 流动负债	反映政府部门利用现金及现金等价物偿还短期债务的能力。
3	流动比率	流动资产 / 流动负债	反映政府部门流动资产用于偿还流动负债的能力。
4	固定资产成新率	固定资产净值 / 固定资产原值	反映政府部门固定资产的持续服务能力。
5	公共基础设施成新率	公共基础设施净值 / 公共基础设施原值	反映公共基础设施的持续服务能力。
6	收入费用率	年度总费用 / 年度总收入	反映政府部门收入用于支付费用的比例情况。

第六章　附　　则

第二十七条　本指南自印发之日起施行，财政部于 2015 年 12 月 2 日印发的《政府部门财务报告编制操作指南（试行）》（财库〔2015〕223 号）废止。

　　附：1. 政府部门财务报告样式
　　　　2. 会计科目与报表项目对照表
　　　　3. 调整工作底表
　　　　4. 调整事项清单
　　　　5. 抵销工作底表
　　　　6. 抵销事项清单

附1 政府部门财务报告样式

××年度××部门／单位
财务报告

部门（单位）名称：　　　　　　（公章）

单位负责人：　　　　　　（签名并盖章）

财务负责人：　　　　　　（签名并盖章）

编　制　人：　　　　　　（签章）

报送日期：　　年　　月

一、政府部门财务报表

（一）政府部门会计报表

表1　资产负债表

编制单位：　　　　　　　　年　月　日　　　　　　　单位：元

项　　　目	附注	年初数	年末数
流动资产			
货币资金	附表1		
财政应返还额度			
应收票据			
应收利息			
应收股利			
应收账款	附表2		
预付账款	附表3		
其他应收款	附表4		
短期投资			
存货			
一年内到期的非流动资产			
非流动资产			
长期投资	附表5		
固定资产原值			
减：固定资产累计折旧			
固定资产净值	附表6		
在建工程	附表7		
无形资产原值			
减：无形资产累计摊销			
无形资产净值	附表8		

（续表）

项　　目	附注	年初数	年末数
政府储备资产	附表9		
公共基础设施原值			
减：公共基础设施累计折旧			
公共基础设施净值	附表10		
公共基础设施在建工程	附表11		
其他资产			
受托代理资产			
资产合计			
流动负债			
短期借款			
应缴财政款			
应缴税费			
应付票据			
应付利息			
应付账款	附表12		
预收账款	附表13		
其他应付款	附表14		
应付职工薪酬			
应付政府补贴款			
一年内到期的非流动负债			
非流动负债			
长期借款	附表15		
长期应付款	附表16		
受托代理负债			
负债合计			
净资产			
负债及净资产合计			

表 2　收入费用表

编制单位：　　　　　　　　　年　　　　　　　　　单位：元

项　　目	附注	上年数	本年数
一、收入类			
财政拨款收入			
事业收入	附表 17		
经营收入	附表 18		
投资收益	附表 5		
上级补助收入			
附属单位上缴收入 *			
其他收入	附表 19		
收入合计			
二、费用类			
工资福利费用			
商品和服务费用	附表 20		
对个人和家庭的补助			
对企事业单位的补贴			
折旧费用			
摊销费用			
财务费用			
经营费用	附表 21		
上缴上级支出			
对附属单位补助支出 *			
其他费用			
费用合计			
当期盈余			

注：编制部门财务报表时，标 * 项目原则上应抵销完毕，金额为零。

表3　当期盈余与预算结余差异表

编制单位：　　　　　　　　　年　　　　　　　　　单位：元

项　　　　目	金额
当期预算结余（会计账簿的总收入减去总支出）	
加：当期预付的商品和服务支出金额	
支付应付未付的商品和服务支出金额	
当期购买的存货和政府储备资产金额	
当期发生的资本性支出	
减：当期收到已预付账款的商品和服务金额	
当期发生的应付未付商品和服务金额	
当期领用存货和发出的政府储备资产金额	
当期折旧费用	
当期摊销费用	
当期盈余	

表4　净资产差异表

编制单位：　　　　　　　　　年　月　日　　　　　　单位：元

项　　　　目	金额
净资产账面余额	
减：补提累计折旧	
补提累计摊销	
调整后的净资产	

注：本表适用于账外补提累计折旧和累计摊销的单位。

（二）政府部门会计报表附注

1.会计报表的编制基础
2.遵循相关规定的声明
3.会计报表包含的主体范围
4.重要会计政策与会计估计
重要会计政策与会计估计应包括以下内容：

（1）会计期间。

（2）记账本位币，外币折算汇率。

（3）会计报表中重要资产、负债、收入和费用项目的含义、确认原则、计量方法等会计政策，以及具体会计方法的解释和说明。

（4）固定资产、公共基础设施的类别、折旧年限及折旧方法。

（5）无形资产的摊销年限及摊销方法。

5. 会计报表重要项目的明细信息及说明

（1）货币资金明细信息如下：

附表 1　货币资金明细表

单位：元

项　　目	年初数	年末数
库存现金		
银行存款		
其他货币资金		
合　　计		

（2）应收账款明细信息如下：

附表 2　应收账款明细表

单位：元

项　　目	年初数	年末数
应收本部门内部单位 *		
单位 1		
单位 2		
……		
应收本部门以外的同级政府单位		
单位 1		
单位 2		
……		
应收本部门以外非同级政府单位		

（续表）

项　　　　目	年初数	年末数
单位 1		
单位 2		
……		
应收其他单位		
合　　计		

注：编制部门财务报表时，标＊项目原则上应抵销完毕，金额为零。

（3）预付账款明细信息如下：

附表 3　预付账款明细表

单位：元

项　　　　目	年初数	年末数
预付本部门内部单位＊		
单位 1		
单位 2		
……		
预付本部门以外的同级政府单位		
单位 1		
单位 2		
……		
预付本部门以外的非同级政府单位		
单位 1		
单位 2		
……		
预付其他单位		
合　　计		

注：编制部门财务报表时，标＊项目原则上应抵销完毕，金额为零。

（4）其他应收款明细信息如下：

附表4　其他应收款明细表

单位：元

项　　　　目	年初数	年末数
应收本部门内部单位 *		
单位1		
单位2		
……		
应收本部门以外的同级政府单位		
单位1		
单位2		
……		
应收本部门以外的非同级政府单位		
单位1		
单位2		
……		
应收同级财政		
应收其他单位		
合　　　计		

注：1. 编制部门财务报表时，标 * 项目原则上应抵销完毕，金额为零。

2. "应收同级财政"主要包括单位通过"其他应收款"核算的由财政代管的预算单位资金。

（5）长期投资及投资收益明细信息如下：

附表5 长期投资及投资收益明细表

单位：元

项　　　目	长期投资				投资收益	
	年初数	本年增加	本年减少	年末数	上年数	本年数
股权投资（××家）						
对企业股权投资（××家）						
企业1						
企业2						
企业3						
……						
对投资基金股权投资（××家）						
投资基金1						
投资基金2						
投资基金3						
……						
债券投资						
合　　　计						

注：本表中每类投资下分别按照长期投资年末数从大到小排列。

（6）固定资产明细信息如下：

附表6 固定资产明细表

单位：元

项　　　目	年初数	本年增加	本年减少	年末数
原值合计				
房屋及构筑物				
通用设备				
专用设备				

（续表）

项　　目	年初数	本年增加	本年减少	年末数
文物和陈列品				
图书、档案				
家具、用具、装具及动植物				
累计折旧合计				
房屋及构筑物				
通用设备				
专用设备				
文物和陈列品	—	—	—	—
图书、档案	—	—	—	—
家具、用具、装具及动植物				
净值合计				
房屋及构筑物				
通用设备				
专用设备				
文物和陈列品				
图书、档案				
家具、用具、装具及动植物				

（7）在建工程明细信息如下：

附表7　在建工程明细表

单位：元

项目	年初数	本年增加	本年减少	年末数
项目1				
……				
合计				

（8）无形资产明细信息如下：

附表8　无形资产明细表

单位：元

项目	年初数	本年增加	本年减少	年末数
原值合计				
著作权				
土地使用权				
专利权				
非专利技术				
其他				
累计摊销合计				
著作权				
土地使用权				
专利权				
非专利技术				
其他				
净值合计				
著作权				
土地使用权				
专利权				
非专利技术				
其他				

（9）政府储备资产明细信息如下：

附表9 政府储备资产明细表

单位：元

项　　目	年初数	本年增加	本年减少	年末数
战略储备物资				
综合物资				
成品油				
火工物资				
天然铀				
其他				
粮、棉、糖、肉、药				
棉花				
粮食				
食糖				
肉				
医药				
自然灾害救助物资				
防汛抗旱储备物资				
森林（草原）防火储备物资				
城市排水防涝设备物资				
应急储备物资				
石油				
其他储备物资				
合　　计				

（10）公共基础设施明细信息如下：

附表 10-1　公共基础设施明细表（原值）

单位：元

项　目	年初数	本年增加	本年减少	年末数
交通运输基础设施				
公路				
航道				
港口				
水利基础设施				
市政基础设施				
市政道路				
城市轨道交通				
城市排水与污水处理				
城市公共供水				
城市环卫				
城市道路照明				
公园绿地				
公共文化体育				
其他公共基础设施				
原值合计				

附表 10-2 公共基础设施明细表（累计折旧）

单位：元

项　　　目	年初数	本年增加	本年减少	年末数
交通运输基础设施				
公路				
航道				
港口				
水利基础设施				
市政基础设施				
市政道路				
城市轨道交通				
城市排水与污水处理				
城市公共供水				
城市环卫				
城市道路照明				
公园绿地				
公共文化体育				
其他公共基础设施				
累计折旧合计				

附表 10-3 公共基础设施明细表（净值）

单位：元

项　　目	年初数	本年增加	本年减少	年末数
交通运输基础设施				
公路				
航道				
港口				
水利基础设施				
市政基础设施				
市政道路				
城市轨道交通				
城市排水与污水处理				
城市公共供水				
城市环卫				
城市道路照明				
公园绿地				
公共文化体育				
其他公共基础设施				
净值合计				

（11）公共基础设施在建工程明细信息如下：

附表 11　公共基础设施在建工程明细表

单位：元

项　　目	年初数	本年增加	本年减少	年末数
交通运输基础设施				
公路				
航道				
港口				
水利基础设施				
市政基础设施				
市政道路				
城市轨道交通				
城市排水与污水处理				
城市公共供水				
城市环卫				
城市道路照明				
公园绿地				
公共文化体育				
其他公共基础设施				
合　　计				

（12）应付账款明细信息如下：

附表 12 应付账款明细表

单位：元

项　　目	年初数	年末数
应付本部门内部单位 *		
单位 1		
单位 2		
……		
应付本部门以外的同级政府单位		
单位 1		
单位 2		
……		
应付本部门以外的非同级政府单位		
单位 1		
单位 2		
……		
应付其他单位		
合　　计		

注：编制部门财务报表时，标 * 项目原则上应抵销完毕，金额为零。

（13）预收账款明细信息如下：

附表 13　预收账款明细表

单位：元

项　　　　目	年初数	年末数
预收本部门内部单位 *		
单位 1		
单位 2		
……		
预收本部门以外的同级政府单位		
单位 1		
单位 2		
……		
预收本部门以外的非同级政府单位		
单位 1		
单位 2		
……		
预收其他单位		
合　　　计		

注：编制部门财务报表时，标 * 项目原则上应抵销完毕，金额为零。

（14）其他应付款明细信息如下：

附表 14 其他应付款明细表

单位：元

项　　目	年初数	年末数
应付本部门内部单位 *		
单位 1		
单位 2		
……		
应付本部门以外的同级政府单位		
单位 1		
单位 2		
……		
应付本部门以外的非同级政府单位		
单位 1		
单位 2		
……		
应付同级财政		
应付其他单位		
合　　计		

注：1.编制部门财务报表时，标 * 项目原则上应抵销完毕，金额为零。

2."应付同级财政"主要包括预拨经费、向同级财政部门借入的款项。

（15）长期借款明细信息如下：

附表 15-1　长期借款明细表

单位：元

债权人	年初数	年末数
机构 1		
机构 2		
机构 3		
……		
合　　计		

注：本表按照债权人列示明细，并按长期借款年末数从大到小排列。

附表 15-2　长期借款明细表

单位：元

长期借款到期期限	年初数	年末数
1-3 年到期（不含 1 年）		
3-5 年到期（不含 3 年）		
5 年以上到期（不含 5 年）		
合　　计		

注：本表按照长期借款余额到期期限列示明细。

（16）长期应付款明细信息如下：

附表 16 长期应付款明细表

单位：元

项　　　　目	年初数	年末数
应付本部门内部单位 *		
单位 1		
单位 2		
……		
应付本部门以外的同级政府单位		
单位 1		
单位 2		
……		
应付本部门以外的非同级政府单位		
单位 1		
单位 2		
……		
应付其他单位		
合　　　计		

注：编制部门财务报表时，标 * 项目原则上应抵销完毕，金额为零。

（17）事业收入明细信息如下：

附表 17　事业收入明细表

单位：元

项　　目	上年数	本年数
来自财政专户管理资金		
来自本部门内部单位 *		
单位 1		
单位 2		
……		
来自本部门以外的同级政府单位		
单位 1		
单位 2		
……		
来自本部门以外的非同级政府单位		
单位 1		
单位 2		
……		
来自其他单位		
合　　计		

注：编制部门财务报表时，标 * 项目原则上应抵销完毕，金额为零。

（18）经营收入明细信息如下：

附表 18　经营收入明细表

单位：元

项　　　目	上年数	本年数
来自本部门内部单位 *		
单位 1		
单位 2		
……		
来自本部门以外的同级政府单位		
单位 1		
单位 2		
……		
来自本部门以外的非同级政府单位		
单位 1		
单位 2		
……		
来自其他单位		
合　　计		

注：编制部门财务报表时，标 * 项目原则上应抵销完毕，金额为零。

（19）其他收入明细信息如下：

附表 19　其他收入明细表

单位：元

项　　　目	上年数	本年数
来自本部门内部单位 *		
单位 1		
单位 2		
……		
来自本部门以外的同级政府单位		
单位 1		
单位 2		
……		
来自本部门以外的非同级政府单位		
单位 1		
单位 2		
……		
来自非同级财政		
** 财政		
……		
来自其他单位		
合　　计		

注：1. 编制部门财务报表时，标 * 项目原则上应抵销完毕，金额为零。

　2. "来自非同级财政"是指收到其他财政部门的拨款。

（20）商品和服务费用明细信息如下：

附表 20　商品和服务费用明细表

单位：元

项　　　　目	上年数	本年数
支付给本部门内部单位 *		
单位 1		
单位 2		
……		
支付给本部门以外的同级政府单位		
单位 1		
单位 2		
……		
支付给本部门以外的非同级政府单位		
单位 1		
单位 2		
……		
支付给其他单位		
合　　计		

注：编制部门财务报表时，标 * 项目原则上应抵销完毕，金额为零。

（21）经营费用明细信息如下：

附表 21　经营费用明细表

单位：元

项　　　目	上年数	本年数
支付给本部门内部单位＊		
单位 1		
单位 2		
……		
支付给本部门以外的同级政府单位		
单位 1		
单位 2		
……		
支付给本部门以外的非同级政府单位		
单位 1		
单位 2		
……		
支付给其他单位		
合　　　计		

注：编制部门财务报表时，标＊项目原则上应抵销完毕，金额为零。

6. 未在会计报表中列示的重大事项。

（1）按投资对象列示股权投资的投资成本。

（2）资产负债表日后重大事项。

（3）或有和承诺事项。

（4）公共基础设施、文物文化资产、保障性住房、自然资源资产等重要资产的种类和实物量信息。

（5）其他未在报表中列示，但对政府部门财务状况有重大影响的事项。

7. 需要说明的其他事项。

（1）会计政策变更。

（2）会计估计变更。

（3）以前年度差错更正。

二、政府部门财务分析

（一）政府部门基本情况

（二）政府部门财务状况分析

（三）政府部门运行情况分析

（四）政府部门财务管理情况

附 2 会计科目与报表项目对照表

附 2-1 会计科目与报表项目对照表（行政单位）

部门会计报表项目	行政单位会计科目	调整事项		项目说明
		事项	分录	
一、资产类				
货币资金	库存现金			根据"库存现金"和"银行存款"科目的期末余额减去其中属于受托代理资金的余额填列。
	银行存款			
财政应返还额度	财政应返还额度			
应收票据	——			
应收利息	——			
应收股利	——			
应收账款	应收账款			"应收账款"所属明细科目期末为贷方余额的，应在本表"预收账款"项目填列。
预付账款	预付账款			"预付账款"所属明细科目期末为贷方余额的，应在本表"应付账款"项目填列。
其他应收款	其他应收款			"其他应收款"所属明细科目期末为贷方余额的，应在本表"其他应付款"项目填列。

（续表）

部门会计报表项目	行政单位会计科目	调整事项		项目说明
		事项	分录	
短期投资	——			
存货	存货			
一年内到期的非流动资产	——			
长期投资	——			
固定资产原值	固定资产			
减：固定资产累计折旧	固定资产累计折旧			
固定资产净值				
在建工程	在建工程			根据"在建工程"科目中属于非公共基础设施在建工程的期末余额填列。
无形资产原值	无形资产			
减：累计摊销	累计摊销			
无形资产净值				
政府储备资产	政府储备物资			
公共基础设施原值	公共基础设施			
减：公共基础设施累计折旧	公共基础设施累计折旧			
公共基础设施净值				
公共基础设施在建工程	公共基础设施在建工程			根据"在建工程"科目中属于公共基础设施在建工程的期末余额填列。

（续表）

部门会计报表项目	行政单位会计科目	调整事项		项目说明
		事项	分录	
其他资产	待处理财产损溢			
受托代理资产	受托代理资产			根据"受托代理资产"科目的期末余额（扣除其中受托储存管理物资的金额）加上"库存现金"、"银行存款"科目中属于受托代理资产的现金余额和银行存款余额的合计数填列。
二、负债类				
短期借款	——			
应缴财政款	应缴财政款			
应缴税费	应缴税费			"应缴税费"科目期末为借方余额的，以"—"号填列。
应付票据	——			
应付利息	——			
应付账款	应付账款			"应付账款"所属明细科目期末为借方余额的，应在本表"预付账款"项目填列
预收账款	——			

（续表）

部门会计报表项目	行政单位会计科目	调整事项		项目说明
		事项	分录	
其他应付款	其他应付款			"其他应付款"所属明细科目期末为借方余额的,应在本表"其他应收款"项目填列。
应付职工薪酬	应付职工薪酬			"应付职工薪酬"科目期末为借方余额的,以"—"号填列。
应付政府补贴款	应付政府补贴款			
一年内到期的非流动负债	长期应付款（1年内到期）			根据"长期应付款"科目的期末余额分析填列。
长期借款	——			
长期应付款	长期应付款（剔除1年内到期部分）			根据"长期应付款"科目的期末余额减去其中将于1年内（含1年）到期的长期应付款余额后的金额填列。
受托代理负债	受托代理负债			扣除其中对应受托储存管理物资后的金额填列。
三、净资产类				
净资产	财政拨款结转			
	财政拨款结余			

（续表）

部门会计报表项目	行政单位会计科目	调整事项		项目说明
		事项	分录	
净资产	其他资金结转结余			
	资产基金			
	待偿债净资产			
四、收入类				
财政拨款收入	财政拨款收入			
事业收入	——			
经营收入	——			
投资收益	——			
上级补助收入	——			
附属单位上缴收入	——			
其他收入	其他收入			
五、费用类				
工资福利费用	经费支出（工资福利支出）			
商品和服务费用	经费支出（商品和服务支出）	年末，将商品和服务支出调整为应当属于本年度确认的商品和服务费用。	1.当年因购买商品和服务发生的应付账款、长期应付款应确认为费用 借：商品和服务费用 贷：净资产	具体调整操作参见调整事项清单。

（续表）

部门会计报表项目	行政单位会计科目	调整事项		项目说明
		事项	分录	
商品和服务费用	经费支出（商品和服务支出）	年末，将商品和服务支出调整为应当属于本年度确认的商品和服务费用。	2.当年偿付因购买商品和服务发生的应付账款、长期应付款不属于费用 借：净资产 贷：商品和服务费用 3.当年发生的预付商品服务款项不属于费用 借：净资产 贷：商品和服务费用 4.对于采用预付账款购买商品和服务的事项，按当年取得的商品和服务金额确认当年费用 借：商品和服务费用 贷：净资产 5.当年购买的存货和政府储备物资不属于费用 借：净资产 贷：商品和服务费用	具体调整操作参见调整事项清单。

（续表）

部门会计报表项目	行政单位会计科目	调整事项		项目说明
		事项	分录	
商品和服务费用	经费支出（商品和服务支出）	年末，将商品和服务支出调整为应当属于本年度确认的商品和服务费用。	6.当年领用存货和发出的政府储备物资时确认为费用借：商品和服务费用贷：净资产	具体调整操作参见调整事项清单。
对个人和家庭的补助	经费支出（对个人和家庭的补助）			
对企事业单位的补贴	经费支出（对企事业单位的补贴）			
折旧费用	——	根据累计折旧贷方发生额中属于当年应计提的部分确认折旧费用。	借：折旧费用贷：净资产	该事项为调整事项。
摊销费用	——	根据累计摊销贷方发生额中属于当年应计提的部分确认摊销费用。	借：摊销费用贷：净资产	该事项为调整事项。
财务费用	经费支出（债务利息支出）			反映未资本化的利息支出。
经营费用	——			
上缴上级支出	——			
对附属单位补助支出	拨出经费			

（续表）

部门会计 报表项目	行政单位 会计科目	调整事项		项目说明
		事项	分录	
其他费用	经费支出（相应的支出经济分类）			包括基本建设支出和其他资本性支出中未形成资产的部分。
资本性支出	经费支出（基本建设支出、其他资本性支出、债务利息支出）	将当年发生的资本性支出予以调减。	借：净资产 贷：资本性支出	该事项为调减事项，其中，债务利息支出是指资本化的利息支出。

附 2-2　会计科目与报表项目对照表（事业单位）

部门会计 报表项目	事业单位 会计科目	调整事项		项目说明
		事项	分录	
一、资产类				
货币资金	库存现金			
	银行存款			
财政应返还额度	财政应返还额度			
应收票据	应收票据			
应收利息	——			
应收股利	——			
应收账款	应收账款			"应收账款"所属明细科目期末为贷方余额的，应在本表"预收账款"项目填列。

（续表）

部门会计报表项目	事业单位会计科目	调整事项		项目说明
		事项	分录	
预付账款	预付账款			"预付账款"所属明细科目期末为贷方余额的，应在本表"应付账款"项目填列。
其他应收款	其他应收款			"其他应收款"所属明细科目期末为贷方余额的，应在本表"其他应付款"项目填列。
短期投资	短期投资			
存货	存货			根据"存货"科目中不属于政府储备资产的期末余额填列。
一年内到期的非流动资产	长期投资（1年内到期）			根据"长期投资"科目的期末余额分析填列。
长期投资	长期投资（剔除1年内到期的部分）			根据"长期投资"期末余额减去其中1年内（含1年）到期的长期投资余额分析填列。
固定资产原值	固定资产			根据"固定资产"科目中不属于公共基础设施的期末余额填列。

（续表）

部门会计报表项目	事业单位会计科目	调整事项		项目说明
		事项	分录	
减：固定资产累计折旧	累计折旧			根据"累计折旧"科目中不属于公共基础设施折旧的期末余额填列。
固定资产净值				
在建工程	在建工程			根据"在建工程"科目中不属于公共基础设施在建工程的期末余额填列。
无形资产原值	无形资产			
减：累计摊销	累计摊销			
无形资产净值				
政府储备资产	——			根据"存货"科目中属于政府储备资产的期末余额填列。
	——			
公共基础设施原值	——			根据"固定资产"科目中属于公共基础设施的期末余额填列。
减：公共基础设施累计折旧	——			根据"累计折旧"科目中属于公共基础设施折旧的期末余额填列。

（续表）

部门会计报表项目	事业单位会计科目	调整事项		项目说明
		事项	分录	
公共基础设施净值				
公共基础设施在建工程	——			根据"在建工程"科目中属于公共基础设施在建工程的期末余额填列。
其他资产	待处置资产损溢			
受托代理资产	——			
二、负债类				
短期借款	短期借款			
应缴财政款	应缴国库款			
	应缴财政专户款			
应缴税费	应缴税费			"应缴税费"科目期末为借方余额的，以"—"号填列。
应付票据	应付票据			
应付利息	——			
应付账款	应付账款			"应付账款"所属明细科目期末为借方余额的，应在本表"预付账款"项目填列。

（续表）

部门会计报表项目	事业单位会计科目	调整事项		项目说明
		事项	分录	
预收账款	预收账款			"预收账款"所属明细科目期末为借方余额的，应在本表"应收账款"项目填列。
其他应付款	其他应付款			"其他应付款"所属明细科目期末为借方余额的，应在本表"其他应收款"项目填列。
应付职工薪酬	应付职工薪酬			"应付职工薪酬"科目期末为借方余额的，以"—"号填列。
应付政府补贴款	——			
一年内到期的非流动负债	长期借款、长期应付款（1年内到期）			根据"长期借款"、"长期应付款"科目的期末余额分析填列。
长期借款	长期借款（剔除1年内到期部分）			根据"长期借款"科目的期末余额减去其中将于1年内（含1年）到期的长期借款余额后的金额填列。

（续表）

部门会计报表项目	事业单位会计科目	调整事项		项目说明
		事项	分录	
长期应付款	长期应付款（剔除 1 年内到期部分）			根据"长期应付款"科目的期末余额减去其中将于 1 年内（含 1 年）到期的长期应付款余额后的金额填列。
受托代理负债	——			
三、净资产类				
净资产	事业基金			
	非流动资产基金			
	专用基金			
	财政补助结转			
	财政补助结余			
	非财政补助结转			
	非财政补助结余分配			
	事业结余			
	经营结余			"经营结余"期末为借方余额的，以"–"号填列。
四、收入类				
财政拨款收入	财政补助收入			
事业收入	事业收入			

（续表）

部门会计报表项目	事业单位会计科目	调整事项		项目说明
		事项	分录	
经营收入	经营收入			
投资收益	其他收入（其中投资收益部分）			
上级补助收入	上级补助收入			
附属单位上缴收入	附属单位上缴收入			
其他收入	其他收入（剔除投资收益部分）			
五、费用类				
工资福利费用	事业支出（工资福利支出）			
商品和服务费用	事业支出（商品和服务支出）			
对个人和家庭的补助	事业支出（对个人和家庭的补助）			
对企事业单位的补贴	——			
折旧费用	——	根据累计折旧贷方发生额中属于当年应计提的部分确认折旧费用。	借：折旧费用 贷：净资产	该事项为调整事项。
摊销费用	——	根据累计摊销贷方发生额中属于当年应计提的部分确认摊销费用。	借：摊销费用 贷：净资产	该事项为调整事项。

（续表）

部门会计报表项目	事业单位会计科目	调整事项		项目说明
		事项	分录	
财务费用	事业支出、其他支出（债务利息支出）			反映未资本化的利息支出。
经营费用	经营支出			
上缴上级支出	上缴上级支出			
对附属单位补助支出	对附属单位补助支出			
其他费用	其他支出（剔除债务利息支出）			包括基本建设支出和其他资本性支出中未形成资产的部分。
资本性支出	事业支出、其他支出（基本建设支出、其他资本性支出、债务利息支出）	将当年发生的资本性支出予以调减。	借：净资产 贷：资本性支出	该事项为调减事项，其中，债务利息支出是指资本化的利息支出。

附 2-3 会计科目与报表项目对照表（高等学校）

部门会计报表项目	高等学校会计科目	调整事项		项目说明
		事项	分录	
一、资产类				
货币资金	库存现金			根据"库存现金"和"银行存款"科目的期末余额减去"代管款项"科目期末余额后的金额填列。
	银行存款			

（续表）

部门会计报表项目	高等学校会计科目	调整事项		项目说明
		事项	分录	
财政应返还额度	财政应返还额度			
应收票据	应收票据			
应收利息	——			
应收股利	——			
应收账款	应收账款			"应收账款"所属明细科目期末为贷方余额的，应在本表"预收账款"项目填列
预付账款	预付账款			"预付账款"所属明细科目期末为贷方余额的，应在本表"应付账款"项目填列。
其他应收款	其他应收款			"其他应收款"所属明细科目期末为贷方余额的，应在本表"其他应付款"项目填列。
短期投资	短期投资			
存货	存货			
一年内到期的非流动资产	长期投资（1年内到期）			根据"长期投资"科目的期末余额分析填列。

（续表）

部门会计报表项目	高等学校会计科目	调整事项		项目说明
		事项	分录	
长期投资	长期投资			根据"长期投资"期末余额减去其中1年内（含1年）到期的长期投资余额分析填列。
固定资产原值	固定资产			
减：固定资产累计折旧	累计折旧			
固定资产净值				
在建工程	在建工程			
无形资产原值	无形资产			
减：累计摊销	累计摊销			
无形资产净值				
政府储备资产	——			
公共基础设施原值	——			
减：公共基础设施累计折旧	——			
公共基础设施净值				
公共基础设施在建工程	——			
其他资产	待处置资产损溢			

（续表）

部门会计报表项目	高等学校会计科目	调整事项		项目说明
		事项	分录	
受托代理资产	库存现金、银行存款（对应代管款项部分）			根据"库存现金"和"银行存款"科目的期末余额中属于代管款项的金额填列。
二、负债类				
短期借款	短期借款			
应缴财政款	应缴国库款			
	应缴财政专户款			
应缴税费	应缴税费			"应缴税费"科目期末为借方余额的,以"—"号填列。
应付票据	应付票据			
应付利息	——			
应付账款	应付账款			"应付账款"所属明细科目期末为借方余额的, 应在本表"预付账款"项目填列
预收账款	预收账款			"预收账款"所属明细科目期末为借方余额的, 应在本表"应收账款"项目填列。

（续表）

部门会计报表项目	高等学校会计科目	调整事项		项目说明
		事项	分录	
其他应付款	其他应付款			"其他应付款"所属明细科目期末为借方余额的，应在本表"其他应收款"项目填列。
应付职工薪酬	应付职工薪酬			"应付职工薪酬"科目期末为借方余额的，以"—"号填列。
应付政府补贴款	————			
一年内到期的非流动负债	长期借款、长期应付款（1年内到期）			根据"长期借款"、"长期应付款"科目的期末余额分析填列。
长期借款	长期借款（剔除1年内到期部分）			根据"长期借款"科目的期末余额减去其中将于1年内（含1年）到期的长期借款余额后的金额填列。
长期应付款	长期应付款（剔除1年内到期部分）			根据"长期应付款"科目的期末余额减去其中将于1年内（含1年）到期的长期应付款余额后的金额填列。

（续表）

部门会计 报表项目	高等学校 会计科目	调整事项		项目说明
		事项	分录	
受托代理负债	代管款项			
三、净资产类				
净资产	事业基金			
	非流动资产基金			
	专用基金			
	财政补助结转			
	财政补助结余			
	非财政补助结转			
	非财政补助结余分配			
净资产	事业结余			
	经营结余			"经营结余"期末为借方余额的，以"—"号填列。
四、收入类				
财政拨款收入	财政补助收入			
事业收入	教育事业收入			
事业收入	科研事业收入			
经营收入	经营收入			
投资收益	其他收入（其中投资收益部分）			

（续表）

部门会计 报表项目	高等学校 会计科目	调整事项		项目说明
		事项	分录	
上级补助收入	上级补助收入			
附属单位上缴 收入	附属单位上缴 收入			
其他收入	其他收入（剔 除投资收益部 分）			
五、费用类				
工资福利费用	教育、科研事 业支出、行政 管理支出、后 勤保障支出(工 资福利支出)			
商品和服务费 用	教育、科研事 业支出、行政 管理支出、后 勤保障支出(商 品和服务支出)			
对个人和家庭 的补助	教育、科研事 业支出、行政 管理支出、后 勤保障支出、 离退休支出(对 个人和家庭的 补助)			
对企事业单位 的补贴	＿＿			

（续表）

部门会计报表项目	高等学校会计科目	调整事项		项目说明
		事项	分录	
折旧费用	——	根据累计折旧贷方发生额中属于当年应计提的部分确认折旧费用。	借：折旧费用 贷：净资产	该事项为调整事项。
摊销费用	——	根据累计摊销贷方发生额中属于当年应计提的部分确认摊销费用。	借：摊销费用 贷：净资产	该事项为调整事项。
财务费用	其他支出（债务利息支出）			反映未资本化的利息支出。
经营费用	经营支出			
上缴上级支出	上缴上级支出			
对附属单位补助支出	对附属单位补助支出			
其他费用	其他支出（剔除债务利息支出）			包括基本建设支出和其他资本性支出中未形成资产的部分。
资本性支出	教育、科研事业支出、行政管理支出、后勤保障支出、其他支出（基本建设支出、其他资本性支出、债务利息支出）	将当年发生的资本性支出予以调减。	借：净资产 贷：资本性支出	该事项为调减事项，其中，债务利息支出是指资本化的利息支出。

附2-4 会计科目与报表项目对照表（中小学校）

部门会计报表项目	中小学校会计科目	调整事项		项目说明
		事项	分录	
一、资产类				
货币资金	库存现金			根据"库存现金"和"银行存款"科目的期末余额减去"代管款项"科目期末余额后的金额填列。
	银行存款			
财政应返还额度	财政应返还额度			
应收票据	——			
应收利息	——			
应收股利	——			
应收账款	应收账款			"应收账款"所属明细科目期末为贷方余额的，应在本表"预收账款"项目填列。
预付账款	——			"应付账款"所属明细科目为借方余额的，在本项目填列。
其他应收款	其他应收款			"其他应收款"所属明细科目期末为贷方余额的，应在本表"其他应付款"项目填列。

（续表）

部门会计报表项目	中小学校会计科目	调整事项		项目说明
		事项	分录	
短期投资	短期投资			
存货	存货			
一年内到期的非流动资产	长期投资（1年内到期）			根据"长期投资"科目的期末余额分析填列。
长期投资	长期投资			根据"长期投资"期末余额减去其中1年内（含1年）到期的长期投资余额分析填列。
固定资产原值	固定资产			
减：固定资产累计折旧	——	根据固定资产折旧辅助账填列。	借：折旧费用（当年）净资产（以前年度）贷：累计折旧	该事项为新增事项。
固定资产净值				
在建工程	在建工程			
无形资产原值	无形资产			
减：累计摊销	——	根据无形资产摊销辅助账填列。	借：摊销费用（当年）净资产（以前年度）贷：累计摊销	该事项为新增事项。
无形资产净值				

（续表）

部门会计报表项目	中小学校会计科目	调整事项		项目说明
		事项	分录	
政府储备资产	——			
公共基础设施原值	——			
减：公共基础设施累计折旧	——			
公共基础设施净值				
公共基础设施在建工程	——			
其他资产	待处置资产损溢			
受托代理资产	库存现金、银行存款（对应代管款项部分）			根据"库存现金"和"银行存款"科目的期末余额中属于代管款项的金额填列。
二、负债类				
短期借款	短期借款			
应缴财政款	应缴国库款			
	应缴财政专户款			
应缴税费	应缴税费			"应缴税费"科目期末为借方余额的,以"—"号填列。
应付票据	——			

71

（续表）

部门会计报表项目	中小学校会计科目	调整事项		项目说明
		事项	分录	
应付利息	——			
应付账款	应付账款			"应付账款"所属明细科目期末为借方余额的，应在本表"预付账款"项目填列
预收账款	——			"预收账款"所属明细科目期末为借方余额的，应在本表"应收账款"项目填列。
其他应付款	其他应付款			"其他应付款"所属明细科目期末为借方余额的，应在本表"其他应收款"项目填列。
应付职工薪酬	应付职工薪酬			"应付职工薪酬"科目期末为借方余额的，以"—"号填列。
应付政府补贴款	——			
一年内到期的非流动负债	长期借款、长期应付款（1年内到期）			根据"长期借款"、"长期应付款"科目的期末余额分析填列。

（续表）

部门会计报表项目	中小学校会计科目	调整事项		项目说明
		事项	分录	
长期借款	长期借款（剔除1年内到期部分）			根据"长期借款"科目的期末余额减去其中将于1年内（含1年）到期的长期借款余额后的金额填列。
长期应付款	长期应付款（剔除1年内到期部分）			根据"长期应付款"科目的期末余额减去其中将于1年内（含1年）到期的长期应付款余额后的金额填列。
受托代理负债	代管款项			
三、净资产类				
净资产	事业基金			
	非流动资产基金			
净资产	专用基金			
	财政补助结转			
	财政补助结余			
	非财政补助结转			
	非财政补助结余分配			
	事业结余			

（续表）

部门会计报表项目	中小学校会计科目	调整事项		项目说明
		事项	分录	
净资产	经营结余			"经营结余"期末为借方余额的，以"—"号填列。
四、收入类				
财政拨款收入	公共财政预算拨款			
	政府性基金预算拨款			
事业收入	事业收入			
经营收入	经营收入			
投资收益	其他收入（其中投资收益部分）			
上级补助收入	上级补助收入			
附属单位上缴收入	附属单位上缴收入			
其他收入	其他收入（剔除投资收益部分）			
五、费用类				
工资福利费用	事业支出（工资福利支出）			
商品和服务费用	事业支出（商品和服务支出）			
对个人和家庭的补助	事业支出（对个人和家庭的补助）			

（续表）

部门会计报表项目	中小学校会计科目	调整事项		项目说明
		事项	分录	
对企事业单位的补贴	——			
折旧费用	——	当年计提的折旧根据固定资产折旧辅助账填列。	借：折旧费用（当年）净资产（以前年度）贷：累计折旧	该事项为新增事项。
摊销费用	——	当年计提的摊销根据无形资产摊销辅助账填列。	借：摊销费用（当年）净资产（以前年度）贷：累计摊销	该事项为新增事项。
财务费用	其他支出（债务利息支出）			反映未资本化的利息支出。
经营费用	经营支出			
上缴上级支出	上缴上级支出			
对附属单位补助支出	对附属单位补助支出			
其他费用	其他支出（剔除债务利息支出）			包括基本建设支出和其他资本性支出中未形成资产的部分。
资本性支出	事业支出、其他支出（基本建设支出、其他资本性支出、债务利息支出）	将当年发生的资本性支出予以调减	借：净资产贷：资本性支出	该事项为调减事项，其中，债务利息支出是指资本化的利息支出。

附 2-5　会计科目与报表项目对照表（科学事业单位）

部门会计报表项目	科学事业单位会计科目	调整事项		项目说明
		事项	分录	
一、资产类				
货币资金	库存现金			
	银行存款			
财政应返还额度	财政应返还额度			
应收票据	应收票据			
应收利息	——			
应收股利	——			
应收账款	应收账款			"应收账款"所属明细科目期末为贷方余额的，应在本表"预收账款"项目填列。
预付账款	预付账款			"预付账款"所属明细科目期末为贷方余额的，应在本表"应付账款"项目填列。
其他应收款	其他应收款			"其他应收款"所属明细科目期末为贷方余额的，应在本表"其他应付款"项目填列。
短期投资	短期投资			

（续表）

部门会计报表项目	科学事业单位会计科目	调整事项		项目说明
		事项	分录	
存货	库存材料			
	科技产品			
一年内到期的非流动资产	长期投资（1年内到期）			根据"长期投资"科目的期末余额分析填列。
长期投资	长期投资（剔除1年内到期部分）			根据"长期投资"期末余额减去其中1年内（含1年）到期的长期投资余额分析填列。
固定资产原值	固定资产			
减：固定资产累计折旧	累计折旧			
固定资产净值				
在建工程	在建工程			
无形资产原值	无形资产			
减：累计摊销	累计摊销			
无形资产净值				
政府储备资产	——			
公共基础设施原值	——			
减：公共基础设施累计折旧	——			

（续表）

部门会计报表项目	科学事业单位会计科目	调整事项		项目说明
		事项	分录	
公共基础设施净值				
公共基础设施在建工程	——			
其他资产	待处置资产损溢			
受托代理资产	——			
二、负债类				
短期借款	短期借款			
应缴财政款	应缴国库款			
	应缴财政专户款			
应缴税费	应缴税费			"应缴税费"科目期末为借方余额的,以"—"号填列。
应付票据	应付票据			
应付利息	——			
应付账款	应付账款			"应付账款"所属明细科目期末为借方余额的,应在本表"预付账款"项目填列。

（续表）

部门会计 报表项目	科学事业单位 会计科目	调整事项		项目说明
		事项	分录	
预收账款	预收账款			"预收账款"所属明细科目期末为借方余额的，应在本表"应收账款"项目填列。
其他应付款	其他应付款			"其他应付款"所属明细科目期末为借方余额的，应在本表"其他应收款"项目填列。
应付职工薪酬	应付职工薪酬			"应付职工薪酬"科目期末为借方余额的，以"—"号填列。
应付政府补贴款	——			
一年内到期的非流动负债	长期借款、长期应付款（1年内到期）			根据"长期借款"、"长期应付款"科目的期末余额分析填列。
长期借款	长期借款（剔除1年内到期部分）			根据"长期借款"科目的期末余额减去其中将于1年内（含1年）到期的长期借款余额后的金额填列。

（续表）

部门会计报表项目	科学事业单位会计科目	调整事项		项目说明
		事项	分录	
长期应付款	长期应付款（剔除1年内到期部分）			根据"长期应付款"科目的期末余额减去其中将于1年内（含1年）到期的长期应付款余额后的金额填列。
受托代理负债	——			
三、净资产类				
净资产	事业基金			
	非流动资产基金			
	专用基金			
	财政补助结转			
	财政补助结余			
	非财政补助结转			
	非财政补助结余分配			
	事业结余			
净资产	经营结余			"经营结余"期末为借方余额的，以"—"号填列。
四、收入类				
财政拨款收入	财政补助收入			

（续表）

部门会计报表项目	科学事业单位会计科目	调整事项		项目说明
		事项	分录	
事业收入	科研收入			
	非科研收入			
经营收入	经营收入			
投资收益	其他收入（其中投资收益部分）			
上级补助收入	上级补助收入			
附属单位上缴收入	附属单位上缴收入			
其他收入	其他收入（剔除投资收益部分）			
五、费用类				
工资福利费用	科研支出、非科研支出、行政管理支出、后勤保障支出（工资福利支出）			
商品和服务费用	科研支出、非科研支出、行政管理支出、后勤保障支出（商品和服务支出）			
对个人和家庭的补助	科研支出、非科研支出、行政管理支出、后勤保障支出、离退休支出（对个人和家庭的补助）			

（续表）

部门会计报表项目	科学事业单位会计科目	调整事项		项目说明
		事项	分录	
对企事业单位的补贴	——			
折旧费用	——	根据累计折旧贷方发生额中属于当年应计提的部分确认折旧费用。	借：折旧费用 贷：净资产	该事项为调整事项。
摊销费用	——	根据累计摊销贷方发生额中属于当年应计提的部分确认折旧费用。	借：摊销费用 贷：净资产	该事项为调整事项。
财务费用	其他支出（债务利息支出）			反映未资本化的利息支出。
经营费用	经营支出			
上缴上级支出	上缴上级支出			
对附属单位补助支出	对附属单位补助支出			
其他费用	其他支出（剔除债务利息支出）			包括基本建设支出和其他资本性支出中未形成资产的部分。
资本性支出	科研、非科研支出、行政管理支出、后勤保障支出、其他支出（基本建设支出、其他资本性支出、债务利息支出）	将当年发生的资本性支出予以调减。	借：净资产 贷：资本性支出	该事项为调减事项，其中，债务利息支出是指资本化的利息支出。

　　注："支撑业务支出"在结转前已分摊到"科研支出"和"非科研支出"中，本科目期末无余额。

附 2-6 会计科目与报表项目对照表（医院）

部门会计报表项目	医院会计科目	调整事项		项目说明
		事项	分录	
一、资产类				
货币资金	库存现金			
	银行存款			
	其他货币资金			
财政应返还额度	财政应返还额度			
应收票据	——			
应收利息	——			
应收股利	——			
应收账款	应收在院病人医疗款			应收医疗款应根据该科目扣除"坏账准备"科目余额中对应"应收医疗款"计提的坏账准备后的余额填列。"应收在院病人医疗款"、"应收医疗款"所属明细科目期末为贷方余额的，应在本表"预收账款"项目填列。
	应收医疗款			
	减：坏账准备			

（续表）

部门会计报表项目	医院会计科目	调整事项		项目说明
		事项	分录	
预付账款	预付账款			"预付账款"所属明细科目期末为贷方余额的，应在本表"应付账款"项目填列。
其他应收款	其他应收款			其他应收款应根据该科目扣除"坏账准备"科目余额中对应"其他应收款"计提的坏账准备后的余额填列。"其他应收款"所属明细科目期末为贷方余额的，应在本表"其他应付款"项目填列。
	减：坏账准备			
短期投资	短期投资			
存货	库存物资			根据"库存物资"和"在加工物资"科目中不属于政府储备资产的期末余额填列。
	在加工物资			
一年内到期的非流动资产	长期投资（1年内到期）			根据"长期投资"科目期末余额分析填列。

（续表）

部门会计 报表项目	医院 会计科目	调整事项		项目说明
		事项	分录	
长期投资	长期投资（剔除1年内到期部分）			根据"长期投资"期末余额减去其中1年内（含1年）到期的长期投资余额分析填列。
固定资产原值	固定资产			
减：固定资产累计折旧	累计折旧			
固定资产净值				
在建工程	在建工程			
无形资产原值	无形资产			
减：累计摊销	累计摊销			
无形资产净值				
政府储备资产	——			单位根据"库存物资"和"在加工物资"科目中属于政府储备资产的期末余额填列。
公共基础设施原值	——			
减：公共基础设施累计折旧	——			
公共基础设施净值				

（续表）

部门会计报表项目	医院会计科目	调整事项		项目说明
		事项	分录	
公共基础设施在建工程	——			
其他资产	待处理财产损溢			
	固定资产清理			
	待摊费用			
	长期待摊费用			
受托代理资产	——			
二、负债类				
短期借款	短期借款			
应缴财政款	应缴款项			"应缴款项"中属于应缴入国库的金额，填列在"应缴国库款"中；其他金额填列在"其他应付款"中。
应缴税费	应交税费			"应交税费"科目期末为借方余额的，以"—"号填列。
应付票据	应付票据			
应付利息	——			

（续表）

部门会计报表项目	医院会计科目	调整事项		项目说明
		事项	分录	
应付账款	应付账款			"应付账款"所属明细科目期末为借方余额的，应在本表"预付账款"项目填列
预收账款	预收医疗款			"预收医疗款"所属明细科目期末为借方余额的，应在本表"应收账款"项目填列。
其他应付款	其他应付款			"其他应付款"所属明细科目期末为借方余额的，应在本表"其他应收款"项目填列。
	应付社会保障费			
	预提费用			
	应付福利费			
	应缴款项			"应缴款项"中属于应缴入国库的金额，填列在"应缴国库款"中；其他金额填列在"其他应付款"项目中。

（续表）

部门会计报表项目	医院会计科目	调整事项		项目说明
		事项	分录	
应付职工薪酬	应付职工薪酬			"应付职工薪酬"科目期末为借方余额的，以"—"号填列。
应付政府补贴款	——			
一年内到期的非流动负债	长期借款、长期应付款（1年内到期）			根据"长期借款"、"长期应付款"科目的期末余额分析填列。
长期借款	长期借款（剔除1年内到期部分）			根据"长期借款"科目的期末余额减去其中将于1年内（含1年）到期的长期借款余额后的金额填列。
长期应付款	长期应付款（剔除1年内到期部分）			根据"长期应付款"科目的期末余额减去其中将于1年内（含1年）到期的长期应付款余额后的金额填列。
受托代理负债	——			

（续表）

部门会计报表项目	医院会计科目	调整事项		项目说明
		事项	分录	
三、净资产类				
净资产	事业基金			
	专用基金			
	待冲基金			
	财政补助结转（余）			
	科教项目结转（余）			
	结余分配			
四、收入类				
财政拨款收入	财政补助收入			
事业收入	医疗收入			
	科教项目收入			
投资收益	其他收入（投资收益部分）			
上级补助收入	——			
附属单位上缴收入	——			
其他收入	其他收入（剔除投资收益部分）			
五、费用类				
工资福利费用	医疗业务成本、财政项目补助支出、科教项目支出、管理费用（工资福利支出）			

（续表）

部门会计报表项目	医院会计科目	调整事项		项目说明
		事项	分录	
商品和服务费用	医疗业务成本、财政项目补助支出、科教项目支出、管理费用（商品和服务支出）	调减当年使用财政补助和科教项目资金购入的存货形成支出部分。	借：净资产 贷：商品和服务费用	该事项为调整事项。
		确认当年领用使用财政补助和科教项目资金购入存货发生的费用。	借：商品和服务费用 贷：净资产	该事项为调整事项。
对个人和家庭的补助	医疗业务成本、财政项目补助支出、科教项目支出、管理费用（对个人和家庭的补助）			
对企事业单位的补贴	——			
折旧费用	医疗业务成本、管理费用（折旧费用）			使用非财政补助和科教项目资金形成的固定资产当年已计提的折旧。
	——	使用财政补助和科教项目资金形成的固定资产当年应计提的折旧。	根据待冲基金科目本年借方发生额中属于当年应折旧部分 借：折旧费用 贷：净资产	该事项为调整事项。

（续表）

部门会计报表项目	医院会计科目	调整事项		项目说明
		事项	分录	
摊销费用	医疗业务成本、管理费用（摊销费用）			使用非财政补助和科教项目资金形成的无形资产当年已计提的摊销。
	——	使用财政补助和科教项目资金形成的无形资产当年应计提的摊销。	根据待冲基金科目本年借方发生额中属于当年应摊销部分借：摊销费用 贷：净资产	该事项为调整事项。
财务费用	管理费用（债务利息支出）			反映未资本化的利息支出。
经营费用	——			
上缴上级支出	——			
对附属单位补助支出	——			
其他费用	其他支出（剔除债务利息支出）			包括基本建设支出和其他资本性支出中未形成资产的部分。
资本性支出	财政项目补助支出、科教项目支出（基本建设支出、其他资本性支出、债务利息支出）	使用财政补助和科教项目资金发生的资本性支出予以调减	借：净资产 贷：资本性支出	该事项为调减事项，其中，债务利息支出是指资本化的利息支出。

附2-7 会计科目与报表项目对照表（基层医疗卫生机构）

部门会计报表项目	基层医疗卫生机构会计科目	调整事项		项目说明
		事项	分录	
一、资产类				
货币资金	库存现金			
	银行存款			
	其他货币资金			
财政应返还额度	财政应返还额度			
应收票据	——			
应收利息	——			
应收股利	——			
应收账款	应收医疗款			"应收医疗款"所属明细科目期末为贷方余额的，应在本表"预收账款"项目填列
预付账款	——			"应付账款"所属明细科目为借方余额的，在本项目填列。
其他应收款	其他应收款			"其他应收款"所属明细科目期末为贷方余额的，应在本表"其他应付款"项目填列。
短期投资	——			
存货	库存物资			

（续表）

部门会计报表项目	基层医疗卫生机构会计科目	调整事项		项目说明
		事项	分录	
一年内到期的非流动资产	——			
长期投资	——			
固定资产原值	固定资产			
减：固定资产累计折旧	——	补提所有固定资产的累计折旧。	借：折旧费用（当年）净资产（以前年度）贷：累计折旧	该事项为新增事项。
固定资产净值				
在建工程	在建工程			
无形资产原值	无形资产			
减：累计摊销	——	补提所有无形资产的累计摊销。	借：摊销费用（当年）净资产（以前年度）贷：累计摊销	该事项为新增事项。
无形资产净值				
政府储备资产	——			
公共基础设施原值	——			
减：公共基础设施累计折旧	——			
公共基础设施净值				

（续表）

部门会计报表项目	基层医疗卫生机构会计科目	调整事项		项目说明
		事项	分录	
公共基础设施在建工程	——			
其他资产	——			
受托代理资产	——			
二、负债类				
短期借款	借入款			根据"借入款"科目期末余额中属于短期借款的部分填列。
应缴财政款	应缴款项			
应缴税费	应交税费			"应交税费"科目期末为借方余额的,以"—"号填列。
应付票据	——			
应付利息	——			
应付账款	应付账款			"应付账款"所属明细科目期末为借方余额的，应在本表"预付账款"项目填列。
预收账款	预收医疗款			"预收医疗款"所属明细科目期末为借方余额的，应在本表"应收账款"项目填列。

（续表）

部门会计报表项目	基层医疗卫生机构会计科目	调整事项		项目说明
		事项	分录	
其他应付款	待结算医疗款			
	应付社会保障费			
	其他应付款			"其他应付款"所属明细科目期末为借方余额的，应在本表"其他应收款"项目填列。
应付职工薪酬	应付职工薪酬			"应付职工薪酬"科目期末为借方余额的，以"—"号填列。
应付政府补贴款	———			
一年内到期的非流动负债	借入款			根据"借入款"科目期末余额中属于1年内（含1年）到期的长期借款部分填列。
长期借款	借入款			根据"借入款"科目期末余额中属于1年以上到期长期借款的部分填列。
长期应付款	——			
受托代理负债	——			

（续表）

部门会计报表项目	基层医疗卫生机构会计科目	调整事项		项目说明
		事项	分录	
三、净资产类				
净资产	事业基金			
	固定基金			
	专用基金			
净资产	财政补助结转（余）			
	其他限定用途结转（余）			
	结余分配			
四、收入类				
财政拨款收入	财政补助收入			
事业收入	医疗收入			
经营收入	——			
投资收益	——			
上级补助收入	上级补助收入			
附属单位上缴收入	——			
其他收入	其他收入			
五、费用类				
工资福利费用	医疗卫生支出（工资福利支出）			
商品和服务费用	医疗卫生支出（商品和服务支出）			

（续表）

部门会计报表项目	基层医疗卫生机构会计科目	调整事项		项目说明
		事项	分录	
对个人和家庭的补助	医疗卫生支出（对个人和家庭的补助）			
对企事业单位的补贴	——			
折旧费用	——	当年应计提的折旧费用。	借：折旧费用（当年）净资产（以前年度）贷：累计折旧	该事项为新增事项。
摊销费用	——	当年应计提的摊销费用。	借：摊销费用（当年）净资产（以前年度）贷：累计摊销	该事项为新增事项。
经营费用	——			
财务费用	其他支出（债务利息支出）			反映未资本化的利息支出。
上缴上级支出	——			
对附属单位补助支出	——			
其他费用	其他支出（剔除债务利息支出）			包括基本建设支出和其他资本性支出中未形成资产的部分。
资本性支出	医疗卫生支出、财政基建、设备补助支出（基本建设支出、其他资本性支出、债务利息支出）	将当年发生的资本性支出予以调减。	借：净资产贷：资本性支出	该事项为调减事项，其中，债务利息支出是指资本化的利息支出。

附 2-8　会计科目与报表项目对照表（测绘事业单位）

部门会计报表项目	测绘事业单位会计科目	调整事项		项目说明
		事项	分录	
一、资产类				
货币资金	现金			
	银行存款			
财政应返还额度	财政应返还额度			
应收票据	应收票据			
应收利息	——			
应收股利	——			
应收账款	应收账款			"应收账款"所属明细科目期末为贷方余额的，应在本表"预收账款"项目填列。
预付账款	预付账款			"预付账款"所属明细科目期末为贷方余额的，应在本表"应付账款"项目填列。
其他应收款	其他应收款			"其他应收款"所属明细科目期末为贷方余额的，应在本表"其他应付款"项目填列。
	备用金			

（续表）

部门会计报表项目	测绘事业单位会计科目	调整事项		项目说明
		事项	分录	
短期投资	对外投资			根据"对外投资"科目期末余额中属于短期投资的部分填列。
存货	库存材料			
	经营产品			
一年内到期的非流动资产	对外投资			根据"对外投资"科目期末余额中将于1年内（含1年）变现的长期投资部分填列。
长期投资	对外投资			根据"对外投资"科目期末余额中不准备于1年内变现的长期投资部分填列。
固定资产原值	固定资产			
减：固定资产累计折旧	——	补提所有固定资产的累计折旧。	借：折旧费用（当年）净资产（以前年度）贷：累计折旧	该事项为新增事项。
固定资产净值				
在建工程	——			
无形资产原值	无形资产			

（续表）

部门会计 报表项目	测绘事业单位 会计科目	调整事项		项目说明
		事项	分录	
减：累计摊销	——	补提所有无形资产的累计摊销。	借：摊销费用（当年） 净资产（以前年度） 贷：累计摊销	该事项为新增事项。
无形资产净值				
政府储备资产	——			
公共基础设施原值	——			
减：公共基础设施累计折旧	——			
公共基础设施净值				
公共基础设施在建工程	——			
其他资产	已完测绘项目			
	经营成本			
	测绘工程成本			
	测绘科技成本			
	提供成果成图成本			
	待摊费用			
	待处理财产损溢			
受托代理资产	——			

（续表）

部门会计报表项目	测绘事业单位会计科目	调整事项		项目说明
		事项	分录	
二、负债类				
短期借款	借入款项			根据"借入款项"科目期末余额中属于短期借款的部分填列。
应缴财政款	应缴预算款			
	应缴财政专户款			
应缴税费	应交税金			"应交税金"科目期末为借方余额的,以"—"号填列。
应付票据	应付票据			
应付利息	——			
应付账款	应付账款			"应付账款"所属明细科目期末为借方余额的，应在本表"预付账款"项目填列。
预收账款	预收账款			"预收账款"所属明细科目期末为借方余额的，应在本表"应收账款"项目填列。

（续表）

部门会计报表项目	测绘事业单位会计科目	调整事项		项目说明
		事项	分录	
其他应付款	应付社会保障金			
	其他应付款			"其他应付款"所属明细科目期末为借方余额的，应在本表"其他应收款"项目填列。
	预提费用			
应付职工薪酬	应付工资（离退休费）			"应付工资（离退休费）"、"应付地方（部门）津贴补贴"、"应付其他个人收入"科目期末为借方余额的，以"—"号填列。
	应付地方（部门）津贴补贴			
	应付其他个人收入			
应付政府补贴款	————			
一年内到期的非流动负债	借入款项			根据"借入款项"、"长期应付款"科目期末余额中将于1年内(含1年)到期的长期借款和长期应付款部分填列。

（续表）

部门会计 报表项目	测绘事业单位 会计科目	调整事项		项目说明
		事项	分录	
长期借款	借入款项			根据"借入款项"科目期末余额减去其中将于1年内（含1年）到期的借入款项余额后的金额填列。
长期应付款	长期应付款			根据"长期应付款"科目的期末余额减去其中将于1年内（含1年）到期的长期应付款余额后的金额填列。
受托代理负债	——			
三、净资产类				
净资产	事业基金			
	固定基金			
	专用基金			
	财政补助结存			
	事业结余			
	结余分配			
	经营结余			"经营结余"期末为借方余额的，以"—"号填列。

（续表）

部门会计报表项目	测绘事业单位会计科目	调整事项		项目说明
		事项	分录	
净资产	拨入专款			根据"拨入专款"科目的年末贷方余额填列。
	拨出专款			根据"拨出专款"科目的年末借方余额以"－"填列。
	专款支出			根据"专款支出"科目的年末借方余额以"－"填列。
四、收入类				
财政拨款收入	财政补助收入、拨入专款（同级财政拨款）			对"拨入专款"科目，根据该科目中属于同级财政拨入的部分填列。
事业收入	事业收入			
经营收入	经营收入			
投资收益	其他收入（投资收益部分）			
上级补助收入	上级补助收入			
附属单位上缴收入	附属单位上缴收入			
其他收入	其他收入（剔除投资收益部分）、拨入专款（剔除同级财政拨款部分）			对"拨入专款"科目，根据该科目中除同级财政拨款以外的部分填列。

（续表）

部门会计报表项目	测绘事业单位会计科目	调整事项		项目说明
		事项	分录	
五、费用类				
工资福利费用	事业支出、专款支出（工资福利支出）			
商品和服务费用	事业支出、专款支出（商品和服务支出）			
对个人和家庭的补助	事业支出、专款支出（对个人和家庭的补助）			
对企事业单位的补贴	——			
折旧费用	——	当年应计提的折旧费用。	借：折旧费用（当年）净资产（以前年度）贷：累计折旧	该事项为新增事项。
摊销费用	——	当年应计提的摊销费用。	借：摊销费用（当年）净资产（以前年度）贷：累计摊销	该事项为新增事项。
财务费用	事业支出（债务利息支出）			反映未资本化的利息支出。
经营费用	经营支出			
	营业税金			
上缴上级支出	上缴上级支出			

（续表）

部门会计报表项目	测绘事业单位会计科目	调整事项		项目说明
		事项	分录	
对附属单位补助支出	拨出经费			
	拨出专款			
	对附属单位补助			
其他费用	事业支出、专款支出（相应的支出经济分类）			包括基本建设支出和其他资本性支出中未形成资产的部分。
资本性支出	事业支出、专款支出（基本建设支出、其他资本性支出、债务利息支出）	将当年发生的资本性支出予以调减	借：净资产贷：资本性支出	该事项为调减事项，其中，债务利息支出是指资本化的利息支出。

附 2-9 会计科目与报表项目对照表（地质勘查单位）

部门会计报表项目	地质勘查单位会计科目	调整事项		项目说明
		事项	分录	
一、资产类				
货币资金	现金			
	银行存款			
	限额存款			
	其他货币资金			
财政应返还额度	财政应返还额度			
应收票据	应收票据			

（续表）

部门会计报表项目	地质勘查单位会计科目	调整事项		项目说明
		事项	分录	
应收利息	——			
应收股利	——			
应收账款	应收账款			"应收账款"所属明细科目期末为贷方余额的，应在本表"预收账款"项目填列。
	减：坏账准备			
预付账款	预付账款			"预付账款"所属明细科目期末为贷方余额的，应在本表"应付账款"项目填列。
其他应收款	其他应收款			"其他应收款"所属明细科目期末为贷方余额的，应在本表"其他应付款"项目填列。
	内部往来			
	备用金			
短期投资	短期投资			
存货	材料			
	管材			
	管材摊销			
	器材成本差异			

（续表）

部门会计报表项目	地质勘查单位会计科目	调整事项		项目说明
		事项	分录	
存货	委托加工器材			
	产成品			
	地质成果			
	器材采购			
一年内到期的非流动资产	长期投资			根据"长期投资"科目期末余额中将于1年内（含1年）变现的长期投资部分填列。
长期投资	长期投资			根据"长期投资"科目期末余额中不准备于1年内变现的长期投资部分填列。
	拨付所属资金			
固定资产原值	固定资产			
减：固定资产累计折旧	累计折旧			
固定资产净值				
在建工程	在建工程			
无形资产原值				
减：累计摊销	——			
无形资产净值	无形资产			
政府储备资产	——			

（续表）

部门会计报表项目	地质勘查单位会计科目	调整事项		项目说明
		事项	分录	
公共基础设施原值				
减：公共基础设施累计折旧	——			
公共基础设施净值				
公共基础设施在建工程	——			
其他资产	待摊费用			
	固定资产清理			
其他资产	递延资产			
	待处理财产损溢			
受托代理资产	——			
二、负债类				
短期借款	短期借款			
应缴财政款	其他应交款（应缴国库款、应缴财政专户款）			根据"其他应交款"科目期末余额中属于应缴财政的矿产资源补偿费、教育费附加等部分填列。
应缴税费	应交税金			"应交税金"科目期末为借方余额的，以"—"号填列。

（续表）

部门会计报表项目	地质勘查单位会计科目	调整事项		项目说明
		事项	分录	
应付票据	应付票据			
应付利息	——			
应付账款	应付账款			"应付账款"所属明细科目期末为借方余额的，应在本表"预付账款"项目填列。
预收账款	预收账款			"预收账款"所属明细科目期末为借方余额的，应在本表"应收账款"项目填列。
其他应付款	其他应付款、预提费用、应付福利费、住房周转金、专项应付款、其他应交款			"其他应付款"所属明细科目期末为借方余额的，应在本表"其他应收款"项目填列。
应付职工薪酬	应付工资（离退休费）、应付地方（部门）津贴补贴、应付其他个人收入			"应付工资（离退休费）"、"应付地方（部门）津贴补贴"、"应付其他个人收入"科目期末为借方余额的，以"—"号填列。

（续表）

部门会计报表项目	地质勘查单位会计科目	调整事项		项目说明
		事项	分录	
应付政府补贴款	——			
一年内到期的非流动负债	长期借款、长期应付款（1年内到期）			根据"长期借款"、"长期应付款"科目的期末余额分析填列。
长期借款	长期借款			根据"长期借款"科目的期末余额减去其中将于1年内（含1年）到期的长期借款余额后的金额填列。
长期应付款	长期应付款			根据"长期应付款"科目的期末余额减去其中将于1年内（含1年）到期的长期应付款余额后的金额填列。
受托代理负债	——			
三、净资产类				
净资产	国家基金			
	地勘发展基金			
	公益金			

（续表）

部门会计报表项目	地质勘查单位会计科目	调整事项		项目说明
		事项	分录	
净资产	上级拨入资金			
	结余			
	收益			
	结余与收益分配			
四、收入类				
财政拨款收入	地勘工作拨款（财政拨款）			根据"地勘工作拨款"科目中属于财政拨款的部分填列。
事业收入	——			
经营收入	经营收入			
投资收益	投资收益			
上级补助收入	——			
附属单位上缴收入	——			
其他收入	地勘工作拨款（剔除财政拨款）、补贴收入、营业外收入			对"地勘工作拨款"科目，根据该科目中除财政拨款以外的部分填列。
五、费用类				

（续表）

部门会计 报表项目	地质勘查单位 会计科目	调整事项		项目说明
		事项	分录	
工资福利费用	未完地质项目支出、已完地质项目支出、其他经费支出、地勘生产、辅助生产（工资福利支出）			
商品和服务费用	未完地质项目支出、已完地质项目支出、其他经费支出、地勘生产、辅助生产（商品和服务支出）			
对个人和家庭的补助	未完地质项目支出、已完地质项目支出、其他经费支出、地勘生产、间接费用、辅助生产（对个人和家庭的补助）			
对企事业单位的补贴	——			
折旧费用	未完地质项目支出、已完地质项目支出、其他经费支出、地勘生产、辅助生产（折旧费用）			

（续表）

部门会计报表项目	地质勘查单位会计科目	调整事项		项目说明
		事项	分录	
摊销费用	管理费用（无形资产摊销费用）			
财务费用	财务费用			
经营费用	经营成本、经营费用、经营税金和附加、管理费用（剔除摊销费用）、财务费用、营业外支出、所得税； 多种经营生产、地勘生产、辅助生产等科目期末余额中属于经营活动支出的部分			
上缴上级支出	——			
对附属单位补助支出	——			
其他费用	其他经费支出（相应的支出经济分类）			包括基本建设支出和其他资本性支出中未形成资产的部分。
资本性支出	——			

附 2-10　会计科目与报表项目对照表（民间非营利组织）

部门会计报表项目	民间非营利组织会计科目	调整事项		项目说明
		事项	分录	
一、资产类				
货币资金	现金			根据"现金"、"银行存款"和"其他货币资金"科目的期末余额减去其中属于受托代理的现金金额后的余额填列。
	银行存款			
	其他货币资金			
财政应返还额度	——			
应收票据	应收票据			
应收利息	——			
应收股利	——			
应收账款	应收账款			根据"应收账款"科目扣除"坏账准备"科目余额中对应"应收账款"计提的坏账准备后的余额填列。"应收账款"所属明细科目期末为贷方余额的，应在本表"预收账款"项目填列。
	减：坏账准备			

（续表）

部门会计报表项目	民间非营利组织会计科目	调整事项		项目说明
		事项	分录	
预付账款	预付账款			"预付账款"所属明细科目期末为贷方余额的，应在本表"应付账款"项目填列。
其他应收款	其他应收款			根据"其他应收款"科目扣除"坏账准备"科目余额中对"其他应收款"计提的坏账准备后的余额填列。
其他应收款	减：坏账准备			"其他应收款"所属明细科目期末为贷方余额的，应在本表"其他应付款"项目填列。
短期投资	短期投资			根据"短期投资"科目期末余额扣除"短期投资跌价准
	减：短期投资跌价准备			
存货	存货			根据"存货"科目中不属于政府储备资产的期末余额扣除"存货跌价准备"科目期末余额后填列。
	减：存货跌价准备			

（续表）

部门会计报表项目	民间非营利组织会计科目	调整事项		项目说明
		事项	分录	
一年内到期的非流动资产	长期债权投资、长期股权投资（1年内到期或变现）			根据"长期债权投资"、"长期股权投资"科目期末余额分析填列。
长期投资	长期股权投资、长期债权投资（剔除1年内到期或变现的部分）			根据"长期债权投资"、"长期股权投资"科目期末余额减去其中1年内（含1年）到期或变现的部分、以及长期投资减值准备后填列。
	长期投资减值准备			
固定资产原值	固定资产			
减：固定资产累计折旧	累计折旧			
固定资产净值				
在建工程	在建工程			
无形资产原值	无形资产			
减：累计摊销	累计摊销			
无形资产净值				
政府储备资产	——			
公共基础设施原值	——			

（续表）

部门会计报表项目	民间非营利组织会计科目	调整事项		项目说明
		事项	分录	
减：公共基础设施累计折旧	＿＿			
公共基础设施净值				
公共基础设施在建工程	＿＿			
其他资产	文物文化资产			
	固定资产清理			
	待摊费用			
受托代理资产	受托代理资产			根据"受托代理资产"科目的期末余额加上"库存现金"、"银行存款"和"其他货币资金"科目中属于受托代理资产的资金余额的合计数填列。
二、负债类				
短期借款	短期借款			
应缴财政款	——			
应缴税费	应交税金			"应交税金"科目期末为借方余额的,以"—"号填列。

（续表）

部门会计报表项目	民间非营利组织会计科目	调整事项		项目说明
		事项	分录	
应付票据	应付票据			
应付利息	——			
应付账款	应付账款			"应付账款"所属明细科目期末为借方余额的，应在本表"预付账款"项目填列。
预收账款	预收账款			"预收账款"所属明细科目期末为借方余额的，应在本表"应收账款"项目填列。
其他应付款	其他应付款			"其他应付款"所属明细科目期末为借方余额的，应在本表"其他应收款"项目填列。
	预提费用			
	预计负债			
应付职工薪酬	应付工资			"应付工资"科目期末为借方余额的，以"—"号填列。
应付政府补贴款	____			

119

（续表）

部门会计报表项目	民间非营利组织会计科目	调整事项		项目说明
		事项	分录	
一年内到期的非流动负债	长期借款、长期应付款（1年内到期）			根据"长期借款"、"长期应付款"科目的期末余额分析填列。
长期借款	长期借款			根据"长期借款"科目的期末余额减去其中将于1年内（含1年）到期的长期借款余额后的金额填列。
长期应付款	长期应付款			根据"长期应付款"科目的期末余额减去其中将于1年内（含1年）到期的长期应付款余额后的金额填列。
受托代理负债	受托代理负债			
三、净资产类				
净资产	非限定性净资产			
	限定性净资产			
四、收入类				
财政拨款收入	政府补助收入（同级财政拨款）			

（续表）

部门会计报表项目	民间非营利组织会计科目	调整事项		项目说明
		事项	分录	
事业收入	捐赠收入			
	会费收入			
	政府补助收入（剔除同级财政拨款部分）			
	提供服务收入			
经营收入	——			
投资收益	投资收益			
上级补助收入	——			
附属单位上缴收入	——			
其他收入	商品销售收入			
	其他收入			
五、费用类				
工资福利费用	业务活动成本、管理费用（工资福利支出）			
商品和服务费用	业务活动成本、管理费用（商品和服务支出）			
对个人和家庭的补助	业务活动成本、管理费用（对个人和家庭的补助）			
对企事业单位的补贴	——			

（续表）

部门会计报表项目	民间非营利组织会计科目	调整事项		项目说明
		事项	分录	
折旧费用	业务活动成本、管理费用（折旧费用）			
摊销费用	业务活动成本、管理费用（摊销费用）			
财务费用	筹资费用			
经营费用	——			
上缴上级支出	——			
对附属单位补助支出	——			
其他费用	其他费用			
资本性支出	——	——		

附2-11 会计科目与报表项目对照表（企业化管理事业单位）

部门会计报表项目	企业化管理事业单位会计科目	调整事项		项目说明
		事项	分录	
一、资产类				
货币资金	现金			
	银行存款			
	其他货币资金			
财政应返还额度	——			
应收票据	应收票据			
应收利息	应收利息			

（续表）

部门会计 报表项目	企业化管理 事业单位 会计科目	调整事项		项目说明
		事项	分录	
应收股利	应收股利			
应收账款	应收账款			"应收账款" 所属明细科目 期末为贷方余 额的，应在本 表"预收账款" 项目填列。
预付账款	预付账款			"预付账款" 所属明细科目 期末为贷方余 额的，应在本 表"应付账款" 项目填列。
其他应收款	其他应收款			"其他应收款" 所属明细科目 期末为贷方余 额的，应在本 表"其他应付 款"项目填列。
短期投资	短期投资			根据"短期投 资"科目期末 余额扣除"短 期投资跌价准 备"科目期末 余额后填列。
	减：短期投资 跌价准备			
存货	存货			根据"存货" 科目中不属于 政府储备资产 的期末余额， 减去存货跌价 准备后填列。
	减：存货跌价 准备			

（续表）

部门会计报表项目	企业化管理事业单位会计科目	调整事项		项目说明
		事项	分录	
一年内到期的非流动资产	长期债权投资、长期股权投资（1年内到期或变现）			根据"长期债权投资"、"长期股权投资"科目期末余额分析填列。
长期投资	长期股权投资、长期债权投资（剔除1年内到期或变现的部分）			根据"长期债权投资"、"长期股权投资"科目期末余额减去其中1年内（含1年）到期或变现的部分、以及长期投资减值准备后填列。
	减：长期投资减值准备			
固定资产原值	固定资产			根据"固定资产"科目中不属于公共基础设施的期末余额填列。
减：固定资产累计折旧	累计折旧			根据"累计折旧"科目中不属于公共基础设施折旧的期末余额填列。
固定资产净值				
在建工程	在建工程			根据"在建工程"科目中属于非公共基础设施在建工程的期末余额填列。
	工程物资			

（续表）

部门会计报表项目	企业化管理事业单位会计科目	调整事项		项目说明
		事项	分录	
无形资产原值	无形资产			
减：累计摊销	累计摊销			
无形资产净值				
政府储备资产	——			
公共基础设施原值	——			根据"固定资产"科目中属于公共基础设施的期末余额填列。
减：公共基础设施累计折旧	——			根据"累计折旧"科目中属于公共基础设施折旧的期末余额填列。
公共基础设施净值				
公共基础设施在建工程	——			根据"在建工程"科目中属于公共基础设施在建工程的期末余额填列。
其他资产	其他流动资产			
	递延税款（借项）			
	长期待摊费用（递延资产）			
	其他长期资产			

（续表）

部门会计报表项目	企业化管理事业单位会计科目	调整事项		项目说明
		事项	分录	
受托代理资产	——			
二、负债类				
短期借款	短期借款、应付短期债券			
应缴财政款	应缴款项			
应缴税费	应交税金			"应交税金"科目期末为借方余额的，以"—"号填列。
应付票据	应付票据			
应付利息	应付利息			
应付账款	应付账款			"应付账款"所属明细科目期末为借方余额的，应在本表"预付账款"项目填列。
预收账款	预收账款			"预收账款"所属明细科目期末为借方余额的，应在本表"应收账款"项目填列。
其他应付款	其他应付款			"其他应付款"所属明细科目期末为借方余额的，应在本表"其他应收款"项目填列。

（续表）

部门会计报表项目	企业化管理事业单位会计科目	调整事项		项目说明
		事项	分录	
其他应付款	应付股利			
	预提费用			
	其他应交款			
	预计负债			
	递延收益			
其他应付款	其他流动负债			
应付职工薪酬	应付工资			"应付工资"、"应付福利费"科目期末为借方余额的，以"—"号填列。
	应付福利费			
应付政府补贴款	____			
一年内到期的非流动负债	长期借款、应付债券、长期应付款（1年内到期）			根据"长期借款"、"应付债券"、"长期应付款"科目的期末余额分析填列。
长期借款	长期借款、应付债券（剔除1年内到期部分）			根据"长期借款"、"应付债券"科目的期末余额减去其中将于1年内（含1年）到期的长期借款、应付债券余额后的金额填列。

（续表）

部门会计报表项目	企业化管理事业单位会计科目	调整事项		项目说明
		事项	分录	
长期应付款	长期应付款（剔除1年内到期部分）、专项应付款、递延税款（贷项）、其他长期负债			对"长期应付款"科目，根据该科目期末余额减去其中将于1年内（含1年）到期的长期应付款余额后的金额填列。
受托代理负债	——			
三、净资产类				
净资产	少数股东权益			
	实收资本(股本)			
	资本公积			
	盈余公积			
	未分配利润			
四、收入类				
财政拨款收入	补贴收入（来自同级财政拨款）			
事业收入	——			
经营收入	主营业务收入			
	其他业务收入			
	营业外收入			
	补贴收入			根据补贴收入中剔除来自同级财政拨款、同级政府部门和非同级政府部门部分填列。

（续表）

部门会计报表项目	企业化管理事业单位会计科目	调整事项		项目说明
		事项	分录	
投资收益	投资收益			
上级补助收入	——			
附属单位上缴收入	——			
其他收入	补贴收入			根据补贴收入中来自同级政府部门和非同级政府部门的部分填列。
五、费用类				
工资福利费用	——			
商品和服务费用	——			
对个人和家庭的补助	——			
对企事业单位的补贴	——			
折旧费用	——			
摊销费用	——			
财务费用	——			
经营费用	所得税、主营业务成本、主营业务税金及附加、其他业务支出、营业费用、管理费用、财务费用、营业外支出			

（续表）

部门会计报表项目	企业化管理事业单位会计科目	调整事项		项目说明
		事项	分录	
上缴上级支出	——			
对附属单位补助支出	——			
其他费用	——			
资本性支出	——			

附2-12　会计科目与报表项目对照表（彩票机构）

部门会计报表项目	彩票机构会计科目	调整事项		项目说明
		事项	分录	
一、资产类				
货币资金	库存现金			
	银行存款			
财政应返还额度	——			根据"其他应收款－财政应返还额度"或其他对应科目中属于财政应返还额度的部分填列。
	零余额账户用款额度			因财政管理体制原因产生余额时，可在本项目填列。
应收票据	应收票据			
应收利息	——			
应收股利	——			

（续表）

部门会计报表项目	彩票机构会计科目	调整事项		项目说明
		事项	分录	
应收账款	应收账款			"应收账款"所属明细科目期末为贷方余额的，应在本表"预收账款"项目填列。
预付账款	预付账款			"预付账款"所属明细科目期末为贷方余额的，应在本表"应付账款"项目填列。
其他应收款	其他应收款			根据"其他应收款"科目余额中减去属于"财政应返还额度"余额后的金额填列。"其他应收款"所属明细科目期末为贷方余额的，应在本表"其他应付款"项目填列。
短期投资	短期投资			
存货	库存材料			
	库存彩票			
一年内到期的非流动资产	长期投资（1年内到期）			根据"长期投资"科目期末余额分析填列。

（续表）

部门会计报表项目	彩票机构会计科目	调整事项		项目说明
		事项	分录	
长期投资	长期投资（剔除1年内到期部分）			根据"长期投资"科目期末余额减去其中1年内（含1年）到期的长期投资余额分析填列。
固定资产原值	固定资产			
减：固定资产累计折旧	累计折旧			
固定资产净值				
在建工程	在建工程			
无形资产原值	无形资产			
减：累计摊销	累计摊销			
无形资产净值				
政府储备资产	——			
公共基础设施原值	——			
减：公共基础设施累计折旧	——			
公共基础设施净值				
公共基础设施在建工程	——			
其他资产	待处置资产损溢			

（续表）

部门会计报表项目	彩票机构会计科目	调整事项		项目说明
		事项	分录	
受托代理资产	——			
二、负债类				
短期借款	短期借款			
应缴财政款	应缴国库款			
	应缴财政专户款			
应缴税费	应缴税费			"应缴税费"科目期末为借方余额的,以"—"号填列。
应付票据	应付票据			
应付利息	——			
应付账款	应付账款			"应付账款"所属明细科目期末为借方余额的,应在本表"预付账款"项目填列。
	应付返奖奖金			
	应付代销费			
	彩票销售结算			
预收账款	预收账款			"预收账款"所属明细科目期末为借方余额的,应在本表"应收账款"项目填列。

（续表）

部门会计报表项目	彩票机构会计科目	调整事项		项目说明
		事项	分录	
其他应付款	其他应付款			"其他应付款"所属明细科目期末为借方余额的，应在本表"其他应收款"项目填列。
应付职工薪酬	应付职工薪酬			"应付职工薪酬"科目期末为借方余额的，以"—"号填列。
应付政府补贴款	——			
一年内到期的非流动负债	长期借款、长期应付款（1年内到期）			根据"长期借款"、"长期应付款"科目的期末余额分析填列。
长期借款	长期借款（剔除1年内到期部分）			根据"长期借款"科目的期末余额减去其中将于1年内（含1年）到期的长期借款余额后的金额填列。
长期应付款	长期应付款（剔除1年内到期部分）			根据"长期应付款"科目的期末余额减去其中将于1年内（含1年）到期的长期应付款余额后的金额填列。

（续表）

部门会计报表项目	彩票机构会计科目	调整事项		项目说明
		事项	分录	
受托代理负债	——			
三、净资产类				
净资产	事业基金			
	库存彩票基金			
	非流动资产基金			
	专用基金			
	财政专户核拨资金结转			
	财政专户核拨资金结余			
	非财政专户核拨资金结转			
	待分配事业结余			
	经营结余			"经营结余"期末为借方余额的，以"—"号填列。
	非财政专户核拨资金结余分配			
四、收入类				
财政拨款收入	——			根据实际拨款情况及所对应的核算会计科目余额填列。
事业收入	事业收入			
经营收入	经营收入			

（续表）

部门会计报表项目	彩票机构会计科目	调整事项		项目说明
		事项	分录	
投资收益	其他收入（投资收益）			
上级补助收入	上级补助收入			
附属单位上缴收入	附属单位上缴收入			
其他收入	其他收入（剔除投资收益部分）			
五、费用类				
工资福利费用	事业支出（工资福利支出）			
商品和服务费用	事业支出（商品和服务支出）	调减当年印制彩票发生的支出。	按照库存彩票借方发生额中属于当年印制部分 借：净资产 贷：商品和服务费用	该事项为调整事项。
		确认当年发出彩票时发生的费用。	按照库存彩票贷方发生额中属于当年发出部分 借：商品和服务费用 贷：净资产	该事项为调整事项。
对个人和家庭的补助	事业支出（对个人和家庭的补助）			

（续表）

部门会计报表项目	彩票机构会计科目	调整事项		项目说明
		事项	分录	
对企事业单位的补贴	——			
折旧费用	——	当年固定资产计提的折旧。	根据累计折旧贷方发生额中属于当年应计提的部分 借：折旧费用 贷：净资产	该事项为调整事项。
摊销费用	——	当年无形资产计提的摊销。	根据累计摊销贷方发生额中属于当年应计提的部分 借：摊销费用 贷：净资产	该事项为调整事项。
财务费用	其他支出（债务利息支出）			反映未资本化的利息支出。
经营费用	经营支出			
上缴上级支出	——			
对附属单位补助支出	对附属单位补助支出			
其他费用	其他支出（剔除债务利息支出部分）			包括基本建设支出和其他资本性支出中未形成资产的部分。
资本性支出	事业支出、其他支出（基本建设支出、其他资本性支出、债务利息支出）	将当年发生的资本性支出予以调减。	借：净资产 贷：资本性支出	该事项为调减事项，其中，债务利息支出是指资本化的利息支出。

137

附 2-13 会计科目与报表项目对照表（国有林场和苗圃）

部门会计报表项目	国有林场和苗圃会计科目	调整事项		项目说明
		事项	分录	
一、资产类				
货币资金	库存现金			
	银行存款			
	其他货币资金			根据该会计科目余额分析填列。
财政应返还额度				根据相关会计科目余额分析填列。
应收票据	应收票据			
应收利息	——			
应收股利	——			
应收账款	应收账款			"应收账款"所属明细科目期末为贷方余额的，应在本表"预收账款"项目填列。
	减：坏账准备			
	应收补贴款			
预付账款	预付账款			"预付账款"所属明细科目期末为贷方余额的，应在本表"应付账款"项目填列。
其他应收款	其他应收款			"其他应收款"所属明细科目期末为贷方余额的，应在本表"其他应付款"项目填列。

（续表）

部门会计报表项目	国有林场和苗圃会计科目	调整事项		项目说明
		事项	分录	
短期投资	短期投资			
存货	在途材料			
	材料			
	低值易耗品			
	委托加工材料			
	产成品			
	分期收款发出商品			
	生产成本			
一年内到期的非流动资产	长期投资（1年内到期）			根据"长期投资"科目的期末余额分析填列。
长期投资	长期投资（剔除1年内到期的部分）			根据"长期投资"期末余额减去其中1年内（含1年）到期的长期投资余额分析填列。
固定资产原值	固定资产			
	林木资产			
减：固定资产累计折旧	累计折旧			
固定资产净值				
在建工程	在建工程			
无形资产原值	——			
减：累计摊销	——			

（续表）

部门会计报表项目	国有林场和苗圃会计科目	调整事项		项目说明
		事项	分录	
无形资产净值	无形资产			
政府储备资产	——			
公共基础设施原值	——			
减：公共基础设施累计折旧	——			
公共基础设施净值	——			
公共基础设施在建工程	——			
其他资产	待处理财产损溢			
	待摊费用			
	递延资产			
	固定资产清理			
受托代理资产	——			
二、负债类				
短期借款	短期借款			
应缴财政款	——			
	——			
应缴税费	应交税金			"应交税金"科目期末为借方余额的,以"——"号填列。
应付票据	应付票据			

（续表）

部门会计 报表项目	国有林场和 苗圃会计科目	调整事项		项目说明
		事项	分录	
应付利息	——			
应付账款	应付账款			"应付账款"所属明细科目期末为借方余额的，应在本表"预付账款"项目填列。
预收账款	预收账款			"预收账款"所属明细科目期末为借方余额的，应在本表"应收账款"项目填列。
其他应付款	其他应付款			"其他应付款"所属明细科目期末为借方余额的，应在本表"其他应收款"项目填列。
	住房周转金			
	预提费用			
	育林基金			
	其他应交款			
应付职工薪酬	应付工资			"应付工资"、"应付福利费"科目期末为借方余额的，以"—"号填列。
	应付福利费			

（续表）

部门会计报表项目	国有林场和苗圃会计科目	调整事项		项目说明
		事项	分录	
应付政府补贴款	——			
一年内到期的非流动负债	长期借款、长期应付款（1年内到期）			根据"长期借款"、"长期应付款"科目的期末余额分析填列。
长期借款	长期借款（剔除1年内到期部分）			根据"长期借款"科目的期末余额减去其中将于1年内（含1年）到期的长期借款余额后的金额填列。
长期借款	应付债券			
长期应付款	长期应付款（剔除1年内到期部分）			根据"长期应付款"科目的期末余额减去其中将于1年内（含1年）到期的长期应付款余额后的金额填列。
受托代理负债	——			
三、净资产类				
净资产	实收资本			
	林木资本			

（续表）

部门会计报表项目	国有林场和苗圃会计科目	调整事项		项目说明
		事项	分录	
净资产	资本公积			根据"专项应付款""拨入事业费"科目期末余额填列。
	盈余公积			
	专项应付款			
	拨入事业费			
	利润分配			
四、收入类				
财政拨款收入	补贴收入			根据"补贴收入"科目贷方发生额填列。
	专项应付款			根据"专项应付款"、"拨入事业费"科目的贷方发生额分析填列。
	拨入事业费			
事业收入	专项应付款			根据"专项应付款"、"拨入事业费"科目的贷方发生额分析填列。
	拨入事业费			
经营收入	营业收入			根据"营业收入"科目贷方发生额填列。
投资收益	投资收益			根据"投资收益"科目贷方发生额填列。

（续表）

部门会计报表项目	国有林场和苗圃会计科目	调整事项		项目说明
		事项	分录	
上级补助收入	——			
附属单位上缴收入	——			
其他收入	其他业务收入			根据"其他业务收入"科目贷方发生额填列。
	营业外收入			根据"营业外收入"科目贷方发生额填列。
	专项应付款			根据"专项应付款"、"拨入事业费"科目的贷方发生额分析填列。
	拨入事业费			
五、费用类				
工资福利费用				根据"专项应付款"、"事业费支出"科目借方发生额分析填列。
商品和服务费用				
对个人和家庭的补助				
对企事业单位的补贴				
折旧费用	——			

（续表）

部门会计报表项目	国有林场和苗圃会计科目	调整事项		项目说明
		事项	分录	
摊销费用	——			
财务费用	财务费用			根据"财务费用"借方发生额填列。
经营费用	营业成本、营业费用、营业税金及附加、育林及维简费、所得税、管理费用			营业成本、营业费用、营业税金及附加、育林及维简费、所得税等科目根据借方发生额填列；"管理费用"根据转入"本年利润"的金额填列。
上缴上级支出	——			
对附属单位补助支出	——			
其他费用	其他业务支出、营业外支出、专项应付款、事业费支出			"其他业务支出"、"营业外支出"科目根据借方发生额；"专项应付款""事业费支出"根据借方发生额分析填列。
资本性支出	——			

附3 调整工作底表

调整工作底表

单位：元

部门会计报表项目	调整后金额	会计科目	原有金额	调整金额		备注
				借方	贷方	
一、资产类						
货币资金						
财政应返还额度						
应收票据						
应收利息						
应收股利						
应收账款						
预付账款						
其他应收款						
短期投资						
存货						
一年内到期的非流动资产						
长期投资						
固定资产原值						
减：固定资产累计折旧						

（续表）

部门会计报表项目	调整后金额	会计科目	原有金额	调整金额		备注
				借方	贷方	
固定资产净值						
在建工程						
无形资产原值						
减：累计摊销						
无形资产净值						
政府储备资产						
公共基础设施原值						
减：公共基础设施累计折旧						
公共基础设施净值						
公共基础设施在建工程						
其他资产						
受托代理资产						
二、负债类						
短期借款						
应缴财政款						
应缴税费						
应付票据						
应付利息						

（续表）

部门会计报表项目	调整后金额	会计科目	原有金额	调整金额		备注
				借方	贷方	
应付账款						
预收账款						
其他应付款						
应付职工薪酬						
应付政府补贴款						
一年内到期的非流动负债						
长期借款						
长期应付款						
受托代理负债						
三、净资产类						
净资产						调整事项1-12
四、收入类						
财政拨款收入						
事业收入						
经营收入						
投资收益						
上级补助收入						
附属单位上缴收入						

（续表）

部门会计报表项目	调整后金额	会计科目	原有金额	调整金额		备注
				借方	贷方	
其他收入						
五、费用类						
工资福利费用						
商品和服务费用						调整事项1-6
对个人和家庭的补助						
对企事业单位的补贴						
折旧费用						调整事项8-9
摊销费用						调整事项10-11
财务费用						
经营费用						
上缴上级支出						
对附属单位补助支出						
其他费用						
资本性支出						调整事项7

注：各单位在填列本工作底表时，参照本单位执行会计制度会计科目对照表填列"会计科目"栏。

附 4　调整事项清单

调整事项清单

序号	调整事项	调整分录	备注
1	按照权责发生制原则，当年发生的预付商品和服务款项不属于当年费用，因此，应根据"预付账款"科目本年借方发生额中属于预付商品和服务支出部分，调减当年费用。	借：净资产 贷：商品和服务费用	仅适用行政单位。
2	按照权责发生制原则，对于采用预付账款购买商品和服务的事项，应按当年取得的商品和服务金额确认当年费用。因此，应根据"预付账款"科目当年贷方发生额中属于冲销预付商品和服务支出部分，确认当期费用。	借：商品和服务费用 贷：净资产	仅适用行政单位。
3	按照权责发生制原则，当年因取得存货和政府储备物资发生的支出不属于费用，应予以调减，因此，应根据"存货"（彩票机构为"库存彩票"）和"政府储备物资"科目本年借方发生额中属于当年购入的部分，调减当期费用，并调整净资产。	借：净资产 贷：商品和服务费用	适用行政单位、医院和彩票机构。执行医院会计制度的单位根据"待冲基金"科目贷方发生额中因购置存货而形成的部分填列。
4	按照权责发生制原则，应按当年领用存货和发出政府储备物资部分确认费用，因此，应根据"存货"（彩票机构为"库存彩票"）和"政府储备物资"科目本年贷方发生额中属于当年领用的部分，确认当期费用，并调整净资产。	借：商品和服务费用 贷：净资产	适用行政单位、医院和彩票机构。执行医院会计制度的单位根据"待冲基金"科目借方发生额中因领用存货而形成的部分填列。

（续表）

序号	调整事项	调整分录	备注
5	按照权责发生制原则，应将当年因购买商品和服务发生的应付款项确认为当年费用，应根据"应付账款"和"长期应付款"本年贷方发生额中属于为购买商品和服务发生的部分确认当年费用，并调整净资产。	借：商品和服务费用 贷：净资产	仅适用行政单位。
6	按照权责发生制原则，当年偿付因购买商品和服务发生的应付款项不属于费用，应予以调减，因此，应根据"应付账款"和"长期应付款"本年借方发生额中属于偿付因购买商品和服务发生的部分，调减当年费用，并调整净资产。	借：净资产 贷：商品和服务费用	仅适用行政单位。
7	按照权责发生制原则，当年发生的资本性支出（包括基本建设支出、其他资本性支出、资本化的债务利息支出）不属于费用，应予以调减，并相应调整净资产。	借：净资产 贷：资本性支出	适用于除执行地质勘查单位会计制度、民间非盈利组织会计制度、企业会计制度以外的单位。
8	除地质勘查单位、民间非营利组织、企业化管理的事业单位外，根据"累计折旧"科目贷方发生额中属于固定资产、公共基础设施当年应计提折旧的部分确认当期折旧费用。	借：折旧费用 贷：净资产	执行医院会计制度的单位根据"待冲基金"科目借方发生额中对应固定资产折旧的部分填列。
9	未设置"累计折旧"科目的，应根据权责发生原则补提固定资产和公共基础设施"累计折旧"，当年部分计入"折旧费用"，以前年度部分调整净资产。	借：折旧费用 　　净资产 贷：累计折旧	适用中小学、基层医疗卫生机构、测绘事业单位。

（续表）

序号	调整事项	调整分录	备注
10	除地质勘查单位、民间非营利组织、企业化管理的事业单位外，根据"累计摊销"科目贷方发生额中属于无形资产当年应计提摊销的部分确认当期摊销费用。	借：摊销费用 贷：净资产	执行医院会计制度的单位根据"待冲基金"科目借方发生额中对应无形资产摊销的部分填列。
11	未设置"累计摊销"科目的，应根据权责发生原则补提无形资产"累计摊销"，当年部分计入"摊销费用"，以前年度部分调整"净资产"。	借：摊销费用 净资产 贷：累计摊销	适用中小学、基层医疗卫生机构、测绘事业单位。
12	根据当期盈余与预算结余差异额调整净资产。	借或贷：当期盈余与预算结余的差异额 贷或借：净资产	当期盈余与预算结余的差异额为正时调增净资产，为负时调减净资产。

注：应收利息、应收股利、应付利息项目直接按照会计账簿记录填列，未核算的无需调整。

附5　抵销工作底表

抵销工作底表

单位：元

序号	抵销事项	抵销分录	所属单位 A1	所属单位 A2	……	合计
1	部门内部单位之间发生的债权债务事项，应予以抵销。	借：应付账款、预收款项、其他应付款、长期应付款				
		贷：应收账款、预付款项、其他应收款				
2	部门内部单位之间发生的上级补助收入与对附属单位补助支出，应予以抵销。	借：上级补助收入				
		贷：对附属单位补助支出				
3	部门内部单位之间发生的上缴上级支出与附属单位上缴收入，应予以抵销。	借：附属单位上缴收入				
		贷：上缴上级支出				
4	支付给部门内部单位的商品和服务费用、经营费用和来自部门内部单位的事业收入、经营收入、其他收入，应予以抵销。	借：事业收入、经营收入、其他收入				
		贷：商品和服务费用、经营费用				

附 6 抵销事项清单

抵销事项清单

序号	抵销事项	抵销分录
1	部门内部单位之间发生的债权债务事项，应予以抵销。	借：应付账款、预收账款、其他应付款、长期应付款
		贷：应收账款、预付账款、其他应收款
2	部门内部单位之间发生的上级补助收入与对附属单位补助支出，应予以抵销。	借：上级补助收入
		贷：对附属单位补助支出
3	部门内部单位之间发生的上缴上级支出与附属单位上缴收入，应予以抵销。	借：附属单位上缴收入
		贷：上缴上级支出
4	支付给部门内部单位的商品和服务费用、经营费用和来自部门内部单位的事业收入、经营收入、其他收入，应予以抵销。对涉及增值税的应税业务，按扣除增值税后的净额抵销。	借：事业收入、经营收入、其他收入
		贷：商品和服务费用、经营费用

注：上述清单中未涵盖的抵销事项，可根据实际情况自行增设抵销分录。

政府综合财务报告编制操作指南

（试行）

第一章 总 则

第一条 为规范权责发生制政府综合财务报告制度改革试点期间的政府综合财务报告编制工作，根据《财政部关于印发〈政府财务报告编制办法（试行）〉的通知》（财库〔2015〕212号）和相关会计制度制定本指南。

第二条 政府综合财务报告以权责发生制为基础，主要反映政府整体财务状况、运行情况和财政中长期可持续性等信息，内容包括财务报表、政府财政经济分析和政府财政财务管理情况。

第三条 财务报表包括会计报表和报表附注。会计报表包括资产负债表、收入费用表和当期盈余与预算结余差异表。

（一）资产负债表。反映政府整体年末财务状况。资产负债表应当按照资产、负债和净资产分类分项列示。

（二）收入费用表。反映政府整体年度运行情况。收入费用表应当按照收入、费用和盈余分类分项列示。

（三）当期盈余与预算结余差异表。反映政府整体权责发生制基础当期盈余与现行会计制度下当期预算结余之间的差异。

（四）报表附注。重点对会计报表涵盖的主体范围、重要会计政策和会计估计、会计报表中的重要项目、或有和承诺事项及未在报表中列示的重大项目等作进一步解释说明。

第四条 政府财政经济分析以财务报表为依据，结合国民经济形势，对政府财务状况、运行情况，以及财政中长期可持续性等内容进行分析。

第五条 政府财政财务管理情况，主要反映政府财政财务管理的政策要求、主要措施和取得成效等。

第二章　政府综合会计报表项目

第一节　资产负债表项目

第六条　资产负债表（见附1中表1）包括如下项目：

（一）资产类项目

1.货币资金,反映政府持有的货币资金期末余额,包括现金、国库存款、国库现金管理存款、其他财政存款、银行存款和其他货币资金等。

2.应收及预付款项，反映政府持有的各种应收及预付款项期末余额，包括应收票据、应收账款、预付账款和其他应收款等。

3.应收利息，反映政府尚未收回的应收利息期末余额。

4.应收股利，反映政府尚未收回的现金股利或利润期末余额。

5.短期投资，反映政府持有的能够随时变现并且持有时间不准备超过1年（含1年）的投资期末余额。

6.存货,反映政府在开展业务活动及其他活动中为耗用而储存的材料、燃料、包装物和低值易耗品等的期末余额。

7.一年内到期的非流动资产，反映政府持有的将于1年内（含1年）到期或准备于1年内（含1年）变现的非流动资产项目的期末余额。

8.长期投资，反映政府持有时间超过1年且不在1年内变现或到期的各种股权和债权投资等的期末余额。

9.应收转贷款，反映政府尚未收回的地方政府债券转贷款和主权外债转贷款本金的期末余额。

10.对外逃走处理。台公司 gguqiyee 固定资产净值，反映政府持有的各项固定资产原值减去累计折旧后的期末余额。

11.在建工程，反映政府尚未完工交付使用的在建工程实际成本的期末余额。

12.无形资产净值，反映政府持有的各项无形资产原值减去累计摊销后的期末余额。

13.政府储备资产，反映政府储存管理的各项应急、救灾或战略存储物资期末余额。

14.公共基础设施净值，反映政府管理的公共基础设施原值减去累计折旧后的期末余额。

15.公共基础设施在建工程，反映政府尚未完工交付使用的公共基础设施在建工程实际成本的期末余额。

16.其他资产，反映政府持有的其他资产期末余额。

17.受托代理资产，反映政府接受委托方委托管理的各项资产的期末余额。

（二）负债类项目

1.应付短期政府债券，反映政府尚未偿还的发行期限不超过1年（含1年）的政府债券本金期末余额。

2.短期借款，反映政府尚未偿还的借入期限在1年内（含1年）的各种借款期末余额。

3.应付及预收款项，反映政府承担的各种应付及预收款项的期末余额，包括应付票据、应付账款、预收账款、其他应付款等。

4.应付利息，反映政府尚未支付的应付利息期末余额。

5.应付职工薪酬，反映政府按照有关规定应付给职工的各种薪酬期末余额。

6.应付政府补贴款，反映政府按照有关规定应付的各种政府补贴款的期末余额。

7.一年内到期的非流动负债，反映政府承担的1年内（含1年）到期的非流动负债期末余额。

8.应付长期政府债券，反映政府承担的偿还期限超过1年的长期政府债券的本金余额及到期一次还本付息的长期政府债券的应付利息余额。

9.应付转贷款，反映政府承担的偿还期限超过1年的地方政府债券转贷款和主权外债转贷款的本金期末余额。

10.长期借款，反映政府承担的偿还期限超过1年的借入款项减去将于1年内（含1年）到期部分后的期末余额。

11.长期应付款，反映政府承担的偿还期限超过1年的应付款项减去将于1年内（含1年）到期部分后的期末余额。

12.其他负债，反映政府承担的其他负债的期末余额。

13.受托代理负债，反映政府接受委托，取得受托管理资产而形成负债的期末余额。

（三）净资产类项目

净资产，反映政府期末总资产减去总负债的差额。

第二节　收入费用表项目

第七条　收入费用表（见附1中表2）包括如下项目：

（一）收入类项目

1. 税收收入，反映政府本期取得的税收收入。

2. 非税收入，反映政府本期取得的非税收入。

3. 事业收入，反映政府本期因开展专业业务活动及其辅助活动取得的收入。

4. 经营收入，反映政府本期开展经营活动取得的收入。

5. 投资收益，反映政府本期因持有各类股权债权投资取得的收益（或承担的损失）。

6. 政府间转移性收入，反映政府本期取得的来自非同级政府和不同地区同级政府的款项。

7. 其他收入，反映政府本期取得的除上述收入之外的其他收入。

（二）费用类项目

1. 工资福利费用，反映政府本期应支付给在职职工和编制外长期聘用人员的各类劳动报酬，以及为上述人员缴纳的各项社会保险费等。

2. 商品和服务费用，反映政府本期购买商品和服务发生的各类费用，包括办公费、差旅费、劳务费等。

3. 对个人和家庭的补助，反映政府本期用于对个人和家庭的补助，包括离休费、退休费、医疗费、住房公积金等。

4. 对企事业单位的补贴，反映政府本期对未进入部门决算编报范围的企业、事业单位及民间非营利组织的各类补贴。

5. 政府间转移性支出，反映政府本期提供给非同级政府和不同地区同级政府的款项。

6. 折旧费用，反映政府本期对固定资产、公共基础设施资产提取的折旧费用。

7. 摊销费用，反映政府本期对无形资产提取的摊销费用。

8. 财务费用，反映政府本期有偿使用相关资金而发生的不应资本化费用。

9. 经营费用，反映政府本期开展经营活动发生的费用。

10. 其他费用，反映政府本期发生的除上述费用以外的其他费用。

（三）盈余类项目

当期盈余，反映政府本期总收入减去总费用的差额。

第三节　当期盈余与预算结余差异表项目

第八条　当期盈余与预算结余差异表（见附1中表3）包括如下项目：

（一）当期预算结余

本项目反映按现行会计制度规定核算的政府本期总收入减去总支出的差额，包括政府财政当期预算结余和政府部门当期预算结余等。

（二）日常活动产生的差异

本项目反映政府本期按照权责发生制原则，对日常活动经济事项产生的收入和费用调整后，导致当期盈余和预算结余的差异。具体包括因安排和动用预算稳定调节基金，购买商品和服务发生预付账款、应付账款、长期应付款，取得和领用存货及政府储备资产，计提折旧和摊销等事项产生的差异。

（三）投资活动产生的差异

本项目反映政府本期按照权责发生制原则，对投资活动经济事项产生的收入和费用调整后，导致当期盈余和预算结余的差异。具体包括对政府投资收益、资本性支出、国有资本经营预算收入等项目进行调整产生的差异。

（四）筹资活动产生的差异

本项目反映政府本期按照权责发生制原则，对筹资活动经济事项产生的收入和费用调整后，导致当期盈余和预算结余的差异。具体包括对政府债务收入、债务转贷收入、债务还本支出、债务转贷支出等项目调整产生的差异。

（五）当期盈余

本项目反映政府权责发生制基础的本期总收入减去总费用的差额，包括政府财政当期盈余和政府部门当期盈余等。

第三章　政府综合会计报表编制

第九条　政府综合会计报表属于合并会计报表，在汇总本级政府各部门财务报表、财政总预算会计报表、农业综合开发资金会计报表、土地储备资金财务报表、物资储备资金会计报表等被合并主体报表基础上，采用抵销、调整等方法合并编制形成。其中，抵销是指对本级政府各部门之间、政府财政与部门之间的经济业务或事项进行抵销；调整是指按照权责发生制原则将被合并主体报表中的收入和支出，调整为应归属于当期的收入和费用。

第一节　政府综合会计报表的数据来源

第十条　编制政府综合会计报表的数据主要来源于以下报表：
（一）政府部门财务报表。
（二）财政总预算会计报表。
（三）农业综合开发资金会计报表。
（四）土地储备资金财务报表。
（五）物资储备资金会计报表。
（六）政府持有股权的企业财务会计决算报表。
（一）~（五）类报表称为被合并主体报表，（六）类报表称为权益报表。

第二节　资产负债表和收入费用表编制

第十一条　资产负债表和收入费用表采用汇总工作表（见附2）方式，

按照以下步骤编制形成。汇总工作表属于工作底稿。

（一）按照"被合并主体报表项目与政府综合会计报表项目对照表"（以下简称"报表项目对照表"，见附3）将被合并主体报表各项目数据填列到汇总工作表对应栏。

将政府部门财务报表、财政总预算会计报表、农业综合开发资金会计报表、土地储备资金财务报表、物资储备资金会计报表中的年末资产、年末负债、年末净资产、本期收入、本期支出项目数据按照"报表项目对照表"分项填入汇总工作表对应栏中。其中，能够直接对应到政府综合会计报表项目的，直接填入对应栏；不能直接对应的，分析填列至相应栏或填入"待抵销调整项目"。

（二）对被合并主体之间发生的经济业务或事项，按照"抵销调整事项清单"（见附4）编制抵销分录，填入汇总工作表"抵销分录"栏。

1.抵销政府部门之间发生的经济业务或事项。

政府财政部门应当根据政府部门财务报表项目明细信息，对经确认的本级政府部门之间发生的经济业务或事项进行抵销。

（1）抵销政府部门之间的债权债务事项。

政府部门之间发生的待抵销债权债务事项主要涉及应收账款、预付账款、其他应收款、应付账款、预收账款、其他应付款等报表项目。对于经确认抵销的债权债务事项，要编制抵销分录：借记"应付账款"、"长期应付款"、"预收账款"、"其他应付款"；贷记"应收账款"、"预付账款"、"其他应收款"。

例 A部门会计报表"其他应收款"明细信息显示，A部门应收B部门款项570万元，B部门会计报表"其他应付款"明细信息显示，B部门应付A部门款项570万元。经确认无误后，编制抵销分录如下（分录金额为万元，下同）：

借：其他应付款   570

    贷：其他应收款   570

（2）抵销政府部门之间的收入费用事项。

政府部门之间发生的待抵销收入费用事项主要涉及事业收入、其他收入、商品和服务费用等报表项目。对于经确认抵销的收入费用事项，编制抵销分录：借记"事业收入（来自同级政府部门）"、"其他收入（来自同级政府部门）"，贷记"商品和服务费用（支付给同级政府部门）"。

例 B部门财务报表中，来自同级A部门的事业收入6 700万元，A

部门支付给同级 B 部门的商品和服务费用 6 700 万元。经确认无误后，编制抵销分录如下：

借：事业收入（来自同级政府部门）　　　　　　6 700

　　贷：商品和服务费用（支付给同级政府部门）　　6 700

2. 抵销财政与部门及相关资金主体之间发生的经济业务或事项。

（1）财政总预算会计报表中的"应付国库集中支付结余"与政府部门财务报表、土地储备资金财务报表、物资储备资金会计报表中的"财政应返还额度"、"财政预算额度"之间存在抵销关系，应经相关方确认后抵销。抵销分录为：借记"应付国库集中支付结余"，贷记"财政预算额度"、"财政应返还额度"。

例　政府部门财务报表中财政应返还额度 15 000 万元；物资储备资金会计报表中的财政预算额度 1 000 万元；财政总预算会计报表中应付国库集中支付结余 16 000 万元。经确认无误后，编制抵销分录如下：

借：应付国库集中支付结余　　　　　　　16 000

　　贷：财政应返还额度　　　　　　　　　15 000

　　　　财政预算额度　　　　　　　　　　1 000

（2）财政总预算会计报表中的"一般公共预算本级支出"、"政府性基金预算本级支出"等财政预算支出项目与政府部门财务报表及相关资金主体会计报表的"财政拨款收入"存在抵销关系，应经相关方确认后抵销。抵销分录为：借记"财政拨款收入"，贷记"一般公共预算本级支出"、"政府性基金预算本级支出"。

例　政府部门财务报表中财政拨款收入 5 200 万元、土地储备资金财务报表中财政拨款收入 4 500 万元，其中一般公共预算安排 5 200 万元，政府性基金预算安排 4 500 万元。经确认无误后，编制抵销分录如下：

借：财政拨款收入　　　　　　　　　　9 700

　　贷：一般公共预算本级支出　　　　　　5 200

　　　　政府性基金预算本级支出　　　　　4 500

（3）财政总预算会计报表中的"财政专户管理资金支出"与政府部门财务报表的"事业收入"中来自财政专户拨入的部分之间存在抵销关系，应经相关方确认后抵销。抵销分录为：借记"事业收入（财政专户管理资金）"，贷记"财政专户管理资金支出"。

例　财政总预算会计报表中财政专户管理资金支出 7 800 万元，政府部门财务报表中事业收入中来自财政专户的资金 7 800 万元。经确认无误后，编制抵销分录如下：

借：事业收入（财政专户管理资金）　　　　　　　　7 800

　　贷：财政专户管理资金支出　　　　　　　　　　　7 800

（4）财政总预算会计报表"借出款项"与政府部门财务报表中"其他应付款"之间存在抵销关系，应经确认后抵销。抵销分录为：借记"其他应付款"，贷记"借出款项"。

例　财政总预算会计报表借出款项中属于向 C 部门借出的金额为 430 万元，C 部门会计报表中的其他应付款 430 万元，经确认无误后，编制抵销分录如下：

借：其他应付款　　　　　　　　　　　　　　　　430

　　贷：借出款项　　　　　　　　　　　　　　　　　430

（5）财政总预算会计报表中的"预拨经费"与政府部门财务报表中的"其他应付款"之间存在抵销关系，应经确认后抵销。抵销分录为：借记"其他应付款"，贷记"预拨经费"。

例　财政总预算会计报表中预拨经费 720 万元，政府部门财务报表中的其他应付款 720 万元，经确认无误后，编制抵销分录如下：

借：其他应付款　　　　　　　　　　　　　　　　720

　　贷：预拨经费　　　　　　　　　　　　　　　　　720

3. 抵销财政内部之间发生的经济业务或事项。

（1）财政总预算会计报表"专用基金收入"中来自一般公共预算安排的部分与"一般公共预算本级支出"之间存在抵销关系，应经确认后抵销。抵销分录为：借记"专用基金收入"，贷记"一般公共预算本级支出"。

例　财政总预算会计报表专用基金收入中由一般公共预算本级支出安排的部分为 25 600 万元，经确认无误后，编制抵销分录如下：

借：专用基金收入　　　　　　　　　　　　　　25 600

　　贷：一般公共预算本级支出　　　　　　　　　　25 600

（2）财政总预算会计报表中不同预算类型资金之间的"调入资金"和"调出资金"之间存在抵销关系，应经确认后抵销。抵销分录为：借记"调入资金"，贷记"调出资金"。

例　财政总预算会计报表中调入资金、调出资金均为 20 100 万元，经确认无误后，编制抵销分录如下：

借：调入资金　　　　　　　　　　　　　　　　20 100

　　贷：调出资金　　　　　　　　　　　　　　　　20 100

（三）对应按权责发生制调整的事项，按照"抵销调整事项清单"（见附4）编制调整分录，填入汇总工作表"调整分录"栏。

1. 调减财政总预算会计报表中的应付代管资金。

财政总预算会计报表的应付代管资金以及相应的其他财政存款中属于代管预算单位资金部分，属于财政的受托管理负债和资产，这部分资金在政府部门财务报表资产项目中已有反映，为避免重复，应调减财政受托代理资产和负债部分。调整分录为：借记"应付代管资金"，贷记"其他财政存款"。

例 财政总预算会计报表中应付预算单位代管资金为 97 500 万元，调整分录如下：

借：应付代管资金   97 500
  贷：其他财政存款   97 500

2. 将财政总预算会计报表中"专用基金收入"分析调整至政府综合会计报表的"其他收入"。

财政总预算会计报表"专用基金收入"中不属于通过一般公共预算本级支出安排的部分，按照资金性质应列入政府综合会计报表中的"其他收入"项目。调整分录为：借记"专用基金收入"，贷记"其他收入"。

例 财政总预算会计报表专用基金收入中不属于一般公共预算本级支出安排的部分为 420 万元。编制调整分录如下：

借：专用基金收入   420
  贷：其他收入   420

3. 调减国有资本经营预算收入。

按照权责发生制原则，当年取得的国有资本经营预算收入中，利润收入、股利和股息收入实际是收到的报告年度以前年度应收国有资本经营收益，不属于当年收入；产权转让收入、清算收入等属于资产交易所得，不属于收入，应调减收入总额。调整分录为：借记"国有资本经营预算收入"，贷记"净资产"。

例 财政总预算会计报表国有资本经营预算本级收入 33 000 万元。编制调整分录如下：

借：国有资本经营预算收入   33 000
  贷：净资产   33 000

4. 调减预算稳定调节基金相关收支。

按照权责发生制原则，财政总预算会计报表中的"动用预算稳定调节基金"不属于政府综合会计报表中的收入项目，应调减收入总额。调整分录为：借记"动用预算稳定调节基金"，贷记"净资产"。同理，财政总预算会计报表中的"安排预算稳定调节基金"不属于政府综合会计报表中的费用项目,应调减费用总额。调整分录为：借记"净资产",贷记"安排预算稳定调节基金"。

例 财政总预算会计报表中动用预算稳定调节基金 10 000 万元，安排预算稳定调节基金 20 000 万元。编制调整分录如下：

借：动用预算稳定调节基金   10 000

    贷：净资产   10 000

借：净资产   20 000

    贷：安排预算稳定调节基金   20 000

5. 调减债务收入、债务转贷收入。

按照权责发生制原则，财政总预算会计报表中的"债务收入"、"债务转贷收入"不属于政府综合会计报表中的收入项目,应予以调减收入总额。调整分录为：借记"债务收入"、"债务转贷收入"，贷记"净资产"。

例 财政总预算会计报表中债务转贷收入 75 000 万元。编制调整分录如下：

借：债务转贷收入   75 000

    贷：净资产   75 000

6. 调减债务还本支出、债务转贷支出。

按照权责发生制原则,财政总预算会计报表中的"债务还本支出"、"债务转贷支出"不属于政府综合会计报表中的费用项目,应予以调减费用总额。调整分录为：借记"净资产"，贷记"债务还本支出"、"债务转贷支出"。

例 财政总预算会计报表中债务还本支出 3 600 万元，债务转贷支出 22 000 万元。编制调整分录如下：

借：净资产   3 600

    贷：债务还本支出   3 600

借：净资产   22 000

    贷：债务转贷支出   22 000

7. 调减股权投资等资本性支出。

按照权责发生制原则，财政总预算会计报表中属于财政部门直接发生的用于股权投资等方面的资本性支出不属于政府综合会计报表中的费用项目，应调减费用总额。调整分录为：借记"净资产"，贷记"一般公共预算本级支出"、"政府性基金预算本级支出"、"国有资本经营预算本级支出"等。

例 财政总预算会计报表反映，一般公共预算安排用于投资基金股权投资的支出 50 000 万元。编制调整分录如下：

  借：净资产   50 000

    贷：一般公共预算本级支出   50 000

  8. 将财政直接支出分析调整填入相应费用栏。

  未安排到部门预算且由财政直接安排的一般公共预算本级支出、政府性基金预算本级支出等支出中属于工资福利费用、商品和服务费用、对个人和家庭的补助、对企事业单位的补贴的部分，应分析调整填入上述费用。借记"工资福利费用"、"商品和服务费用"、"对个人和家庭的补助"、"对企事业单位的补贴"等，贷记"一般公共预算本级支出"、"政府性基金预算本级支出"等。

  例 财政总预算会计报表一般公共预算本级支出中直接列支的对企事业单位的补贴支出 9 372 万元。编制调整分录如下：

  借：对企事业单位的补贴   9 372

    贷：一般公共预算本级支出   9 372

  9. 将财政总预算会计报表中"专用基金支出"分析调整至政府综合会计报表相应的费用项目。

  对财政总预算会计报表中的专用基金支出，应按支出经济分类分析调整为政府综合会计报表中的"商品和服务费用"、"对个人和家庭的补助"、"对企事业单位的补贴"等项目。调整分录为：借记"商品和服务费用"、"对个人和家庭的补助"、"对企事业单位的补贴"等，贷记"专用基金支出"。

  例 财政总预算会计报表专用基金支出中用于企事业单位的补贴支出 19 800 万元，对个人和家庭的补助支出 5 300 万元。编制调整分录如下：

  借：对个人和家庭的补助   5 300

    对企事业单位的补贴   19 800

    贷：专用基金支出   25 100

  10. 增长期投资、应收股利、投资收益。

  （1）关于财政总预算会计尚未核算的政府持有股权的企业股权投资及相关收益的调整。

  编制政府综合会计报表时，应根据政府持有股权的企业财务会计决算报表中资产负债表的所有者权益和应付股利，以及利润表中的综合收益总额，乘以国有权益比重分别计算长期投资、应收股利、投资收益的金额，并编制调整分录。调整分录为：借记"长期投资"、"应收股利"，贷记"净资产"、"投资收益"。

长期投资调整额 = 所有者权益年末数 ① × 国有权益比重 ②

应收股利调整额 = 应付股利年末数 × 国有权益比重

投资收益调整额 = 企业综合收益 ③ × 国有权益比重

净资产调整额 = 长期投资调整额 + 应收股利调整额 - 投资收益调整额

已实行国有资本经营预算的地区，可按照国有资本经营预算数填列应收股利，同时将国有资本经营预算数与上述公式计算得到的应收股利数的差额转入长期投资。

例 某政府的国有企业财务会计决算报表上列示的国有企业所有者权益年末数为 400 000 万元，国有权益比重为 60%。国有企业当年综合收益为 100 000 万元，应付股利为 20 000 万元。经计算，应调整的金额分别为，长期投资 =400 000×60%=240 000 万元；应收股利 =20 000×60%=12 000 万元；投资收益 =100 000×60%=60 000 万元。编制调整分录如下：

借：长期投资　　　　　　　　　　　240 000

　　应收股利　　　　　　　　　　　　12 000

　　贷：投资收益　　　　　　　　　　 60 000

　　　　净资产　　　　　　　　　　　192 000

（2）关于财政总预算会计已核算的政府股权投资产生的投资收益的调整。

按照《财政总预算会计制度》规定，政府股权投资当期应取得的投资收益，应确认计入"资产基金"科目。编制政府综合会计报表时，对于已确认入账的投资收益部分，应将其从资产负债表的"净资产"项目调至收入费用表的"投资收益"项目。调整额根据被投资主体年末会计报表净利润或净亏损数额及政府财政投资比例计算确认，即当年投资收益 = 被投资主体净利润（亏损）× 政府财政投资比重。调整分录为：借记"净资产"，贷记"投资收益"。

例 某投资基金年末会计报表中净利润为 5 000 万元，政府财政投资比例为 15%，投资收益 =5,000×15%=750 万元。编制调整分录如下：

———————————

① 企业为集团公司的，所有者权益年末数为财会年企 01 表中"归属于母公司所有者权益合计"。

② 国有权益比重 = 国家资本 / 实收资本

③ 企业为集团公司的，企业综合收益为财会年企 02 表中"归属于母公司所有者的综合收益"。

借：净资产   750

    贷：投资收益   750

11. 调减土地储备资金财务报表中的"交付项目支出"。

按照权责发生制原则，土地储备资金财务报表中"交付项目支出"从经济性质上属于资本性支出，不属于费用，应调减费用总额。调整分录为：借记"净资产"，贷记"交付项目支出"。

例 土地储备资金财务报表中交付项目支出 15 000 万元，应编制调整分录：

借：净资产   15 000

    贷：交付项目支出   15 000

12. 根据调整分录中收入调整总额与费用调整总额的差额，调整净资产项目。

由于对收入和费用的调整最终会影响净资产总额，因此应当按照收入调整总额与费用调整总额的差额，调整净资产。按照所有调整分录汇总后计算（收入调增额 – 收入调减额 – 费用调增额 + 费用调减额）的差额，如果差额为正数，则调增"净资产"；如果差额为负数，则调减"净资产"。

（四）将汇总工作表各项目对应的原始数据栏、抵销分录栏、调整分录栏中的数据，分别计算出经过抵销调整后的金额。

1. 资产类项目。

资产类项目中，各项目"被合并主体报表对应项目"栏金额加总，得到"原有金额合计"；"原有金额合计"加上该项目"抵销分录"借方金额，减去该项目"抵销分录"栏贷方金额，得到"包括抵销后合计"；"包括抵销后合计"加上该项目"调整分录"借方金额，减去"调整分录"贷方金额，得到"包括抵销调整后合计"。

"待抵销调整项目"抵销调整后原则上无余额。若有余额，填入"其他资产"。

资产类各项目加总后，计算出"原有金额合计"、"包括抵销后合计"、"包括抵销调整后合计"对应的"资产合计"数。

2. 负债类项目。

负债类项目，各项目"被合并主体报表对应项目"栏金额加总，得到"原有金额合计"；"原有金额合计"减去该项目"抵销分录"借方金额，加上该项目"抵销分录"栏贷方金额，得到"包括抵销后合计"；"包括抵销后合计"减去该项目"调整分录"借方金额，加上"调整分录"贷方金额，得到"包括抵销调整后合计"。

"待抵销调整项目"抵销调整后原则上无余额。若有余额，填入"其他负债"。

负债类各项目加总后，计算出"原有金额合计"、"包括抵销后合计"、"包括抵销调整后合计"对应的"负债合计"数。

3. 净资产类项目。

将"被合并主体报表对应项目"栏各项目金额加总，得到"原有金额合计"；"原有金额合计"减去该项目"抵销分录"借方金额，加上该项目"抵销分录"栏贷方金额，得到"包括抵销后合计"；"包括抵销后合计"减去该项目"调整分录"借方金额，加上"调整分录"贷方金额，得到"包括抵销调整后合计"。

净资产类各项目加总后，计算出"原有金额合计"、"包括抵销后合计"、"包括抵销调整后合计"对应的"净资产合计"数。

4. 收入类项目。

收入类项目，各项目"被合并主体报表对应项目"栏金额加总，得到"原有金额合计"；"原有金额合计"减去该项目"抵销分录"借方金额，加上该项目"抵销分录"栏贷方金额，得到"包括抵销后合计"；"包括抵销后合计"减去该项目"调整分录"借方金额，加上"调整分录"贷方金额，得到"包括抵销调整后合计"。

"待抵销调整项目"抵销调整后原则上无余额。若有余额，填入"其他收入"。

收入类各项目加总后，计算出"原有金额合计"、"包括抵销后合计"、"包括抵销调整后合计"对应的"收入合计"数。

5. 费用类项目。

费用类项目，"被合并主体报表对应项目"栏金额加总，得到"原有金额合计"；"原有金额合计"加上该项目"抵销分录"借方金额，减去该项目"抵销分录"栏贷方金额，得到"包括抵销后合计"；"包括抵销后合计"加上该项目"调整分录"借方金额，减去"调整分录"贷方金额，得到"包括抵销调整后合计"。

"待抵销调整项目"抵销调整后原则上无余额。若有余额，填入"其他费用"。

费用类各项目加总后，计算出"原有金额合计"、"包括抵销后合计"、"包括抵销调整后合计"对应的"费用合计"数。

6. 当期盈余项目。

按照"当期盈余 = 本期收入 - 本期费用"，计算各报表及政府当期盈余数额。

（五）试算平衡后，将数据填入政府综合会计报表对应项目，生成政府综合会计报表。

对调整后的各项目金额进行试算平衡。试算平衡方法：按照"期末净资产总额＝原始报表期末净资产总额＋根据所有调整分录汇总的净资产调整额＋收入费用调整净额"计算政府综合会计报表中政府期末净资产总额。所计算的期末净资产总额应当符合恒等式"期末净资产总额＝期末资产总额－期末负债总额"计算的政府期末净资产总额。

试算平衡后，将汇总工作表"包括抵销调整后合计"栏数据对应填入政府综合会计报表中"资产负债表"各项目"期末数"栏，"收入费用表"各项目的"本期数"栏。

第三节　当期盈余与预算结余差异表编制

第十二条　当期盈余与预算结余差异表根据本级政府财政汇总工作表和本级政府各部门当期盈余与预算结余差异表的相关数据编制。

（一）当期预算结余

本项目根据汇总工作表中的"原有金额合计"栏对应的"原有收支差额"，减去汇总工作表中"政府部门会计报表项目"栏对应的"当期盈余"，加上政府部门当期盈余与预算结余差异表中的"当期预算结余"后填列。

（二）日常活动产生的差异

本项目所包含的具体项目填列方法如下：

1.安排预算稳定调节基金，根据调整分录中"安排预算稳定调节基金"项目的贷方金额填列。

2.动用预算稳定调节基金，根据调整分录中"动用预算稳定调节基金"项目的借方金额填列。

3.其他项目根据本级政府部门当期盈余和预算结余差异表加总后的对应项目金额直接填列。

（三）投资活动产生的差异

本项目所包含的具体项目填列方法如下：

1. 当期应取得的政府股权投资收益，根据调整分录中"投资收益"项目的贷方金额加总填列。

2. 当期财政直接发生的资本性支出，根据调整分录中"一般公共预算本级支出"、"政府性基金预算本级支出"、"国有资本经营预算本级支出"等项目的贷方金额分析加总填列。

3. 土地储备资金中的交付项目支出，根据调整分录中"交付项目支出"项目的贷方金额填列。

4. 国有资本经营预算收入，根据调整分录中"国有资本经营预算本级收入"项目的借方金额填列。

5. 当期政府部门发生的资本性支出，根据本级政府各部门当期盈余和预算结余差异表加总后的对应项目金额直接填列。

（四）筹资活动产生的差异

本项目所包含的具体项目填列方法如下：

1. 债务还本支出，根据调整分录中"债务还本支出"项目的贷方金额填列。

2. 债务转贷支出，根据调整分录中"债务转贷支出"项目的贷方金额填列。

3. 债务收入，根据调整分录中"债务收入"项目的借方金额填列。

4. 债务转贷收入，根据调整分录中"债务转贷收入"项目的借方金额填列。

（五）当期盈余

本项目根据"当期预算结余 + 日常活动产生的差异 + 投资活动产生的差异 + 筹资活动产生的差异"计算填列。该项目应当与政府综合会计报表中收入费用表的"当期盈余"项目金额一致。

第四章　会计报表附注编制

第一节　会计报表附注内容

第十三条　会计报表附注具体应包括下列内容：会计报表编制基础、

遵循相关规定的声明、会计报表包含的主体范围、重要会计政策与会计估计、报表重要项目明细信息及说明、未在报表中列示的重大项目，以及需要说明的其他事项。

第二节　会计报表的编制基础

第十四条　政府综合财务报告中的会计报表以权责发生制为基础编制。

第三节　遵循相关规定的声明

第十五条　政府财政部门应当声明编制的会计报表符合政府会计准则、相关会计制度和财务报告编制规定的要求，如实反映政府整体的财务状况、运行情况等有关信息。

第四节　会计报表包含的主体范围

第十六条　会计报表包含的主体至少包括以下内容：

（一）资金主体。本级政府财政管理的各项资金，以及土地储备资金和物资储备资金等。

（二）单位主体。纳入政府综合财务报告编报范围的部门清单及部门所属的行政单位、事业单位和社会团体的数量、人员编制情况等。

第五节　重要会计政策与会计估计

第十七条　对会计报表重要项目的含义、确认原则、计量方法等会计政策和会计估计进行解释和说明。涉及固定资产和公共基础设施资产的，应说明固定资产和公共基础设施资产的类别、折旧年限及折旧方法；涉及无形资产的，应说明无形资产的类别、摊销年限及摊销方法。

第六节　会计报表重要项目明细信息及说明

第十八条　按照资产负债表和收入费用表项目列示顺序，采用文字和数字描述相结合的方式披露重要项目的明细信息。报表重要项目明细信息的金额合计，应当与会计报表中的相应项目金额衔接一致。

第十九条　报表重要项目明细信息应包括但不仅限于下列报表（样式见附 1 中附表 1-16）：

（一）货币资金明细表。

（二）应收及预付款项明细表。

（三）短期投资明细表。

（四）长期投资明细表。

（五）应收转贷款明细表。

（六）固定资产明细表。

（七）政府储备资产明细表。

（八）公共基础设施明细表。

（九）公共基础设施在建工程明细表。

（十）应付及预收款项明细表。

（十一）应付长期政府债券明细表。

（十二）应付转贷款明细表。

（十三）长期借款明细表。

（十四）投资收益明细表。

（十五）政府间转移性收入明细表。

（十六）政府间转移性支出明细表。

第七节　未在会计报表中列示的重大事项

第二十条　未在会计报表中列示但对政府财务状况有重大影响的事项需要在报表附注中披露。

（一）社保基金。按照社保基金的种类，分别列示社保基金的收入、支出及结余情况。

（二）政府股权投资的投资成本。按照投资对象分别列示股权投资成本。

（三）资产负债表日后重大事项。

（四）或有和承诺事项。逐笔披露政府或有事项的事由和金额，如担保事项、未决诉讼或仲裁的财务影响等，若无法预计应说明理由；逐笔披露政府承诺事项的具体内容。

（五）对于政府部门管理的无法取得价值的公共基础设施、文物文化资产、保障性住房、自然资源资产等重要资产，披露种类和实物量等相关信息。

（六）其他未在会计报表中列示但对政府财务状况有重大影响的事项。

第八节　需要说明的其他事项

第二十一条　会计报表附注应对会计政策、会计估计变更，以前年度差错更正等其他需要说明的事项进行披露。

第五章　政府财政经济分析

第一节　政府财政经济分析主要内容

第二十二条　政府财政经济分析以政府综合财务报表为依据，结合宏观经济形势，分析政府财务状况、运行情况，以及财政中长期可持续性等，主要包括以下内容：

（一）政府财务状况分析

1.资产方面，重点分析政府资产的构成及分布，对于货币资金、长期投资、政府储备资产、公共基础设施、保障性住房等重要项目，分析各项目比重、变化趋势以及对于政府偿债能力和公共服务能力的影响。

2.负债方面，重点分析政府负债规模、结构以及变化趋势。

3.通过政府资产负债率、现金比率、流动比率等指标，分析政府当期及未来中长期财务风险及可控程度，需要采取的措施等。

（二）政府运行情况分析

1.收入方面，重点分析政府收入规模、结构及来源分布、重点收入项目的比重及变化趋势，特别是宏观经济运行、相关行业发展、税收政策、非税收入政策等对政府收入变动的影响。

2.费用方面，重点按照经济分类分析政府费用规模及构成，特别是政府投融资情况对政府费用变动的影响。

3.运用政府收入费用率、税收收入比重等指标，分析政府财政财务运行质量和效率。

（三）财政中长期可持续性分析

基于当前政府财政财务状况和运行情况，结合本地区经济形势、重点产业发展趋势、财政体制、财税政策、社会保障政策等，全面分析政府未来中长期收入支出变化趋势、预测财政收支缺口以及相关负债占 GDP 比重等。

第二节　政府财政经济分析方法和指标

第二十三条　分析政府财政经济状况时，可采取比率分析法、比较分析法、结构分析法和趋势分析法等方法。

第二十四条　分析政府财政经济状况时，可参考使用以下分析指标：

分析指标表

序号	指标名称	公式	指标说明
1	现金比率	货币资金 / 流动负债	反映政府利用货币资金偿还短期债务的能力。
2	流动比率	流动资产 / 流动负债	反映政府利用流动资产偿还短期债务的能力。
3	资产负债率	负债总额 / 资产总额	反映政府偿付债务的能力。
4	负债构成比率 1	主要负债项目 / 负债总额	反映政府主要负债项目占总负债的比重。
5	负债构成比率 2	单位负债总额 / 负债总额	反映政府单位负债占总负债的比重，进而评估政府的直接债务风险和间接债务风险。
6	一般债务率	（一般债务余额 / 债务年限）/ 一般公共预算可偿债财力 ×100%	反映地方政府动用当期财政收入满足偿债需求的能力。可偿债财力等于综合财力扣除用于保障人员工资、机关运转、民生支出等刚性支出后的财力。
7	专项债务率	（专项债务余额 / 债务年限）/ 政府性基金预算可偿债能力 ×100%	

（续表）

序号	指标名称	公式	指标说明
8	收入费用率	年度总费用 / 年度总收入	反映政府当年总收入用于支付当年总费用的比率。
9	税收收入比重	年度税收收入 / 年度收入总额	反映政府收入的稳定性及质量。
10	利息保障率	当年利息支出 / 年度收入总额	反映政府偿还债务利息的能力。

第六章 政府财政财务管理情况

第一节 政府预算管理情况

第二十五条 主要反映政府预算编制管理、预算执行管理、财政监督管理、绩效管理等方面的政策要求、主要措施和取得的成效。

第二节 政府资产负债管理情况

第二十六条 主要反映政府资产管理、负债管理等方面的政策要求、主要措施和取得的成效。

第三节 政府收支管理情况

第二十七条 主要反映政府收入管理、支出管理等方面的政策要求、主要措施和取得的成效。

第七章 附 则

第二十八条 本指南自 2017 年 1 月 1 日起施行。

附：1. 政府综合财务报告样式

2. 汇总工作表

3. 被合并主体报表项目与政府综合会计报表项目对照表

4. 抵销调整事项清单

附1 政府综合财务报告样式

××年度××省（市、县）
政府综合财务报告

××省（市、县）财政厅（局）

年　　月

一、政府综合财务报表

（一）会计报表

表1 资产负债表

编制单位：　　　　　　　　年　月　日　　　　　　　单位：万元

项　　　目	附注	期初数	期末数
流动资产			
货币资金	附表1		
应收及预付款项	附表2		
应收利息			
应收股利			
短期投资	附表3		
存货			
一年内到期的非流动资产			
非流动资产			
长期投资	附表4		
应收转贷款	附表5		
固定资产净值	附表6		
在建工程			
无形资产净值			
政府储备资产	附表7		
公共基础设施净值	附表8		
公共基础设施在建工程	附表9		

（续表）

项　　　目	附注	期初数	期末数
其他资产			
受托代理资产			
资产合计			
流动负债			
应付短期政府债券			
短期借款			
应付及预收款项	附表 10		
应付利息			
应付职工薪酬			
应付政府补贴款			
一年内到期的非流动负债			
非流动负债			
应付长期政府债券	附表 11		
应付转贷款	附表 12		
长期借款	附表 13		
长期应付款			
其他负债			
受托代理负债			
负债合计			
净资产			
负债及净资产合计			

表2　收入费用表

编制单位：　　　　　　　年　月　日　　　　　　单位：万元

项　　　目	附注	上年数	本年数
税收收入			
非税收入			
事业收入			
经营收入			
投资收益	附表14		
政府间转移性收入	附表15		
其他收入			
收入合计			
工资福利费用			
商品和服务费用			
对个人和家庭的补助			
对企事业单位的补贴			
政府间转移性支出	附表16		
折旧费用			
摊销费用			
财务费用			
经营费用			
其他费用			
费用合计			
当期盈余			

表3　当期盈余与预算结余差异表

编制单位：　　　　　　　　　　　年　　　　　　　　　单位：万元

项　　　　目	金　　额
当期预算结余	
日常活动产生的差异	
加：安排预算稳定调节基金	
当期预付的商品和服务金额 *	
支付应付未付的商品和服务金额 *	
当期购买的存货和政府储备资产金额 *	
减：动用预算稳定调节基金	
当期收到已预付账款的商品和服务金额 *	
当期发生的应付未付商品和服务金额 *	
当期领用的存货和发出的政府储备资产金额 *	
当期折旧费用 *	
当期摊销费用 *	
投资活动产生的差异	
加：当期应取得的政府股权投资收益	
当期财政直接发生的资本性支出	
土地储备资金中的交付项目支出	
当期政府部门发生的资本性支出 *	
减：国有资本经营预算收入	
筹资活动产生的差异	
加：债务还本支出	
债务转贷支出	
减：债务收入	
债务转贷收入	
当期盈余	

　　注：表中带"*"的项目从政府部门财务报告的当期盈余与预算结余差异表中直接取得。

（二）会计报表附注

1.会计报表的编制基础

2.遵循相关规定的声明

3.会计报表包含的主体范围

4.重要会计政策与会计估计

重要会计政策与会计估计应包括以下内容：

（1）会计期间。

（2）记账本位币与外币折算利率。

（3）会计报表中重要资产、负债及收入和费用项目的含义、确认原则、计量方法等会计政策，以及具体会计方法的解释和说明。

（4）固定资产、公共基础设施的分类、折旧年限及折旧方法。

（5）无形资产的分类、摊销年限及摊销方法。

（6）其他。

5.会计报表重要项目明细信息及说明

（1）货币资金明细信息如下：

附表1　货币资金明细表

单位：万元

项　　　目	期初数	期末数
现金		
国库存款		
国库现金管理存款		
其他财政存款		
银行存款		
其中：土地储备资金存款		
物资储备资金存款		
其他货币资金		
合　　　计		

（2）应收及预付款项明细信息如下：

附表2 应收及预付款项明细表

单位：万元

主体	期初数	期末数
财政		
政府部门		
部门1		
部门2		
……		
其他		
合　计		

注：1.本表中的"财政"是指承担核算财政预算资金、农业综合开发资金等各类资金职能的政府财政部门。"政府部门"是指纳入本级政府综合财务报告合并范围的部门。"其他"是指土地储备资金和物资储备资金等资金主体。

2.本表反映被合并主体抵销后的应收及预付款项金额。

（3）短期投资明细信息如下：

附表3 短期投资明细表

单位：万元

主体	期初数	期末数
财政		
政府部门		
部门1		
部门2		
……		
其他		
合　计		

注：本表中的"财政"是指承担核算财政预算资金、农业综合开发资金等各类资金职能的政府财政部门。"政府部门"是指纳入本级政府综合财务报告合并范围的部门。"其他"是指土地储备资金和物资储备资金等资金主体。

（4）长期投资明细表如下：

附表4　长期投资明细表

单位：万元

项　　　目	期初数	期末数
股权投资		
对企业股权投资		
企业1		
企业2		
企业3		
……		
对投资基金股权投资		
投资基金1		
投资基金2		
投资基金3		
……		
其他股权投资		
债券投资		
合　　计		

注：本表按照长期投资对象列示明细。

（5）应收转贷款明细信息如下：

附表5　应收转贷款明细表

单位：万元

项　　　　目	期初数	期末数
应收地方政府债券转贷款		
地区1		
地区2		
地区3		
……		
应收主权外债转贷款		
地区1		
地区2		
地区3		
……		
合　　计		

注：本表按照转贷对象列示明细。

（6）固定资产明细信息如下：

附表6　固定资产明细表

单位：万元

项　　　　目	期初数	期末数
原值合计		
房屋及构筑物		
通用设备		
专用设备		
文物和陈列品		
图书、档案		
家具、用具、装具及动植物		

（续表）

项　　　　目	期初数	期末数
累计折旧合计		
房屋及构筑物		
通用设备		
专用设备		
文物和陈列品		
图书、档案		
家具、用具、装具及动植物		
净值合计		
房屋及构筑物		
通用设备		
专用设备		
文物和陈列品		
图书、档案		
家具、用具、装具及动植物		

（7）政府储备资产明细信息如下：

附表7　政府储备资产明细表

单位：万元

主　　　　体	期初数	期末数
部门1		
部门2		
部门3		
……		
合　　计		

注：本表按照政府储备资产持有部门列示明细。

（8）公共基础设施明细信息如下：

附表8　公共基础设施明细表

单位：万元

项　　　目	期初数	期末数
原值合计		
交通运输基础设施		
水利基础设施		
市政基础设施		
其他公共基础设施		
累计折旧合计		
交通运输基础设施		
水利基础设施		
市政基础设施		
其他公共基础设施		
净值合计		
交通运输基础设施		
水利基础设施		
市政基础设施		
其他公共基础设施		

（9）公共基础设施在建工程明细信息如下：

附表9　公共基础设施在建工程明细表

单位：万元

项　　　目	期初数	期末数
交通运输基础设施		
水利基础设施		
市政基础设施		
其他公共基础设施		
合　　　计		

（10）应付及预收账款明细信息如下：

附表 10　应付及预收款项明细表

単位：万元

主　　体	期初数	期末数
财政		
政府部门		
部门 1		
部门 2		
……		
其他		
合　　计		

注：1. 本表中的"财政"是指承担核算财政预算资金、农业综合开发资金等各类资金职能的政府财政部门。"政府部门"是指纳入本级政府综合财务报告合并范围的部门。"其他"是指土地储备资金和物资储备资金等资金主体。

2. 本表反映被合并主体抵销后的应付及预收款项金额。

（11）应付长期政府债券明细信息如下：

附表 11-1　应付长期政府债券明细表

単位：万元

项　　目	期初数	期末数
国债		
地方政府一般债券		
地方政府专项债券		
合　　计		

注：本表按照长期政府债券种类列示明细。

附表 11-2　应付长期政府债券明细表

单位：万元

到期期限	期初数	期末数
1–3 年（不含 1 年）		
3–5 年（不含 3 年）		
5 年以上（不含 5 年）		
合　　计		

注：本表按照长期政府债券到期期限列示明细。

（12）应付转贷款明细信息如下：

附表 12-1　应付转贷款明细表

单位：万元

项　　目	期初数	期末数
应付地方政府债券转贷款		
其中：地方政府一般债券		
地方政府专项债券		
应付主权外债转贷款		
合　　计		

注：本表按照应付转贷款种类列示明细。

附表 12-2　应付转贷款明细表

单位：万元

到期期限	期初数	期末数
1–3 年（不含 1 年）		
3–5 年（不含 3 年）		
5 年以上（不含 5 年）		
合　　计		

注：本表按照应付转贷款到期期限列示。

（13）长期借款明细信息如下：

附表 13-1　长期借款明细表

单位：万元

债权人	期初数	期末数
机构 1		
机构 2		
机构 3		
……		
合　　计		

注：本表按照债权人列示明细。

附表 13-2　长期借款明细表

单位：万元

到期期限	期初数	期末数
1–3 年（不含 1 年）		
3–5 年（不含 3 年）		
5 年以上（不含 5 年）		
合　　计		

注：本表按照长期借款到期期限列示明细。

（14）投资收益明细信息如下：

附表 14　投资收益明细表

单位：万元

项　　目	上年数	本年数
股权投资产生的投资收益		
对企业股权投资收益		
对投资基金投资收益		
其他股权投资收益		
债券投资产生的投资收益		
合　　计		

（15）政府间转移性收入明细信息如下：

附表 15　政府间转移性收入明细表

单位：万元

主　　　体	上年数	本年数
上级政府		
下级政府		
其他		
合　　　计		

注：本表按照政府间转移性收入来源主体列示明细。其中，上下级政府转移性收入填列上下级政府财政间的转移性收入。

（16）政府间转移性支出明细信息如下：

附表 16　政府间转移性支出明细表

单位：万元

对　　　象	上年数	本年数
上级政府		
下级政府		
其他		
合　　　计		

注：本表按照政府间转移性支出对象列示明细。其中，上下级政府转移性支出填列上下级政府财政间的转移性支出。

6. 未在会计报表中列示但对政府财务状况有重大影响的项目

（1）本级政府社保基金情况。

（2）政府股权投资的投资成本。

（3）资产负债表日后重大事项。

（4）本级或有和承诺事项情况。

（5）其他。

7. 需要说明的其他事项

二、政府财政经济分析

（一）政府财务状况分析

（二）政府运行情况分析

（三）财政中长期可持续性分析

三、政府财政财务管理情况

（一）政府预算管理情况

（二）政府资产负债管理情况

（三）政府收支管理情况

附 2　汇总工作表

汇总工作表

单位：万元

政府综合会计报表项目	包括抵销调整后合计	包括抵销后合计	原有金额合计	被合并主体表报项目					备注	调整分录		抵销分录	
				政府部门会计报表项目	财政总预算会计报表项目	农业综合开发资金会计报表项目	土地储备资金财务报表项目	物资储备资金会计报表项目		借项	贷项	借项	贷项
一、资产类													
货币资金				货币资金	国库存款								
					国库现金管理存款		库存现金	现金					
					其他财政存款		银行存款	银行存款					
						转出参股经营资金		外汇存款	10.将财政代管的部门资金予以调减		贷：其他财政存款		
应收及预付款项				应收票据	在途款		预付工程款	转账拨款	01.抵销政府部门之间的债权债务事项				贷：应收账款、预付账款、其他应收款

（续表）

政府综合会计报表项目	包括抵销调整后合计	包括抵销后合计	原有金额合计	被合并主体报表项目					备注	调整分录		抵销分录	
				政府部门会计报表项目	财政总预算会计报表项目	农业综合开发资金会计报表项目	土地储备资金财务报表项目	物资储备资金会计报表项目		借项	贷项	借项	贷项
应收及预付款项				应收账款	其他应收款	有偿资金放款	其他应收款	应收账款	01.抵销政府部门之间的债权债务事项				贷：应收账款、预付账款、其他应收款
应收及预付款项				预付账款	与下级往来	委托贷款		合同预付款					
				其他应收款	借出有偿资金			应收赔偿款					
应收利息				应收利息	应收利息		应收利息						
应收股利				应收股利	应收股利				23.将未确认的政府在企业中享有的国有资本权益、应收股利、投资收益予以确认	借：应收股利			

（续表）

政府综合会计报表项目	包括抵销调整后合计	包括抵销后合计	原有金额合计	被合并主体报表项目					备注	调整分录		抵销分录	
				政府部门会计报表项目	财政总决算会计报表项目	农业综合开发资金会计报表项目	土地储备资金财务报表项目	物资储备资金会计报表项目		借项	贷项	借项	贷项
短期投资				短期投资	有价证券								
存货				存货									
一年内到期的非流动资产				一年内到期的非流动资产	应收地方政府债券转贷款（1年内到期）、应收主权外债转贷款（1年内到期）								
长期投资				长期投资	股权投资	参股经营投资			23. 将未确认的政府在企业中享有的国有资本权益、应收股权投资收益予以确认	借：长期投资 应收投资收益			

196

（续表）

| 政府综合会计报表项目 | 包括抵销调整后合计 | 包括抵销后合计 | 原有金额合计 | 被合并主体报表项目 | | | | | 备注 | 调整分录 | | 抵销分录 | |
				政府部门会计报表项目	财政总预算会计报表项目	农业综合开发资金会计报表项目	土地储备资金财务报表项目	物资储备资金会计报表项目		借项	贷项	借项	贷项
应收转贷款					应收地方政府债券转贷款（剔除1年内到期的部分） 应收主权外债转贷款（剔除1年内到期的部分）								
固定资产净值				固定资产净值									
在建工程				在建工程					收储项目				

197

（续表）

政府综合会计报表项目	包括抵销调整后合计	包括抵销后合计	原有金额合计	被合并主体报表项目					备注	调整分录		抵销分录	
				政府部门会计报表项目	财政总预算会计报表项目	农业综合开发资金会计报表项目	土地储备资金财务报表项目	物资储备资金会计报表项目		借项	贷项	借项	贷项
无形资产净值				无形资产净值									
政府储备资产				政府储备资产				库存储备物资					
								库存专案物资					
								借出储备物资					
								借出专案物资					
								其他待转资产					
								收储物资					
								物资储备进货费					
								专项储备物资					

（续表）

政府综合会计报表项目	包括抵销调整后合计	包括抵销后合计	原有金额合计	被合并主体报表项目 政府部门会计报表项目	财政总预算会计报表项目	农业综合开发资金会计报表项目	土地储备资金财务报表项目	物资储备资金会计报表项目	备注	调整分录 借项	贷项	抵销分录 借项	贷项
公共基础设施净值				公共基础设施净值									
公共基础设施在建工程				公共基础设施在建工程									
其他资产				其他资产	待发国债	待处理有偿资金	待摊支出	待处理物资短少					
受托代理资产				受托代理资产									
				财政应返还额度			财政应返还额度	财政预算额度					
待调整抵销项目									03.抵销财政与部门、土地储备资金、物资储备资金之间的往来事项				贷：财政应返还额度 贷：财政预算额度

199

（续表）

政府综合会计报表项目	包括抵销调整后合计	原有金额合计	被合并主体报表项目 政府部门会计报表项目	财政总预算会计报表项目	农业综合开发资金会计报表项目	土地储备资金财务报表项目	物资储备资金会计报表项目	备注	调整分录 借项	调整分录 贷项	抵销分录 借项	抵销分录 贷项
待调整抵销项目				借出款项				06. 将财政的借出款项与部门中的其他应付款科目进行抵销				贷：借出款项
				预拨经费				07. 将财政的预拨经费与其他应付款中的部门进行抵销				贷：预拨经费
资产合计												
二、负债类												
应付短期政府债券				应付短期政府债券								
短期借款			短期借款	短期借款	借入有偿资金（属于短期的部分）	借入款项（属于短期的部分）	借入款项（属于短期部分）					

（续表）

政府综合会计报表项目	包括抵销调整后合计	包括抵销后合计	原有金额合计	被合并主体报表项目					备注	调整分录		抵销分录	
				政府部门会计报表项目	财政总预算会计报表项目	农业综合开发资金会计报表项目	土地储备财务资金会计报表项目	物资储备资金会计报表项目		借项	贷项	借项	贷项
应付及预收款项				应付票据	与上级往来	转入参股经营资金	应付工程款	应付账款	01.抵销政府部门之间的债权债务事项			借：应付账款、长期应付款、预收账款、其他应付款	
				应付账款	其他应付款		其他应付款	划收货款	07.将经费与部门拨付中的其他应付款进行抵销			借：其他应付款	
				预收账款				合同预收款					
应付及预收款项				其他应付款	其他应付款				06.将财政的借出款与部门中的其他应付款进行抵销			借：其他应付款	

（续表）

政府综合会计报表项目	包括抵销调整后合计	原有金额合计	被合并主体报表项目					备注	调整分录			抵销分录		
			政府部门会计报表项目	财政总预算会计报表项目	农业综合开发资金会计报表项目	土地储备资金财务报表项目	物资储备资金会计报表项目		借项	贷项		借项	贷项	
应付利息			应付利息	应付利息		应付利息								
应付职工薪酬			应付职工薪酬											
应付政府补贴款			应付政府补贴款											
一年内到期的非流动负债			一年内到期的非流动负债	一年内到期的非流动负债										
应付长期政府债券				应付长期政府债券										
				应付地方政府债券转贷款										
应付转贷款				应付主权外债转贷款										

（续表）

政府综合会计报表项目	包括抵销调整后合计	包括抵销后合计	原有金额合计	被合并主体报表项目					备注	调整分录		抵销分录	
				政府部门会计报表项目	财政总预算会计报表项目	农业综合开发资金会计报表项目	土地储备资金财务报表项目	物资储备资金会计报表项目		借项	贷项	借项	贷项
长期借款				长期借款	借入款项	借入有偿资金（属于长于长期的部分）	长期借款	借入款项（属于长期的部分）					
长期应付款				长期应付款									
受托代理负债				受托代理负债									
其他负债				应缴税费	应付政策性负债		应交税费	应交税金					
其他负债				应缴财政款				待处理物资溢余 应上交资金					

（续表）

政府综合会计报表项目	包括抵销调整后合计	包括抵销后合计	原有金额合计	被合并主体报表项目 政府部门会计报表项目	财政总预算会计报表项目	农业综合开发资金会计报表项目	土地储备资金财务报表项目	物资储备资金会计报表项目	备注	调整分录 借项	调整分录 贷项	抵销分录 借项	抵销分录 贷项
待抵销调整项目					应付国库集中支付结余				03.抵销财政与部门、土地储备资金、物资储备资金之间的往来事项			借：应付国库集中支付结余	
					应付代管资金				10.将财政代管的部门资金予以调减	借：应付代管资金			
负债合计													
三、净资产													
净资产				净资产	一般公共预算结算结转资金	本级国有资本资金	土地储备资金	储备基金	23.将未确认的政府在企业中享有的国有资本权益、应收投资收益予以确认		贷：净资产		

（续表）

政府综合会计报表项目	包括抵销调整后合计	包括抵销后合计	原有金额合计	被合并主体报表项目					备注	调整分录		抵销分录	
				政府部门会计报表项目	财政总预算会计报表项目	农业综合开发资金会计报表项目	土地储备资金财务报表项目	物资储备资金会计报表项目		借项	贷项	借项	贷项
					政府性基金预算结转结余			08 专项贷款基金	12. 国有资本经营预算收入不属于收入，应予以调减，并调整净资产		贷：净资产		
净资产				净资产	国有资本经营预算结转结余	参股经营收益		财政预算基金	13. 动用预算稳定调节基金不属于收入，应予以调减，并调整净资产		贷：净资产		
					财政专户管理资金结余	本级参股经营资金结余		收入合计与支出合计计的差额	15. 债务收入不属于收入，应予以调减，并调整净资产		贷：净资产		

（续表）

政府综合会计报表项目	包括抵销调整后合计	包括抵销后合计	原有金额合计	被合并主体报表项目					备注	调整分录		抵销分录	
				政府部门会计报表项目	财政总预算会计报表项目	农业综合开发资金会计报表项目	土地储备资金财务报表项目	物资储备资金会计报表项目		借项	贷项	借项	贷项
净资产				净资产	专用基金结余				16. 债务转贷收入不属于收入，应予以调整，并调整净资产		贷：净资产		
					预算稳定调节基金				17. 债务还本支出不属于费用，应予以调整，并调整净资产	借：净资产			
					预算周转金				18. 债务转贷支出不属于费用，应予以调整，并调整净资产	借：净资产			
					资产基金				14. 安排预算稳定调节基金，应属于费用，应予以调整，并调整净资产	借：净资产			

（续表）

政府综合会计报表项目	包括抵销调整后合计	包括抵销调整后原有金额合计	被合并主体报表项目					备注	调整分录		抵销分录	
			政府部门会计报表项目	财政总预算会计报表项目	农业综合开发资金会计报表项目	土地储备资金财务资金报表项目	物资储备资金会计报表项目		借项	贷项	借项	贷项
								19. 财政直接发生的股权投资等资本性支出，不属于费用，应予以调减，并调整净资产	借：净资产			
								24. 交付项目支出不属于费用，应予以调减，并调整净资产	借：净资产			
								22. 将财政总预算会计中已核算的股权投资收益调出	借：净资产			
净资产			净资产	代偿债权净资产（用负数填列）								

（续表）

政府综合会计报表项目	包括抵销调整后合计	包括抵销后合计	原有金额合计	被合并主体报表项目					备注	调整分录		抵销分录	
				政府部门会计报表项目	财政总预算会计报表项目	农业综合开发资金会计报表项目	土地储备财务资金报表项目	物资储备资金会计报表项目		借项	贷项	借项	贷项
净资产				净资产					根据调整分录中收入调整总额与费用调整总额的差额，调整净资产项目				
负债及净资产合计													
四、收入类													
税收收入					一般公共预算本级收入中税收收入								
非税收入					一般公共预算本级收入中非税收入								

（续表）

政府综合会计报表项目	包括抵销调整后合计	包括抵销后合计	原有金额合计	被合并主体报表项目					备注	调整分录		抵销分录	
				政府部门会计报表项目	财政总预算会计报表项目	农业综合开发资金会计报表项目	土地储备资金财务资金报表项目	物资储备资金会计报表项目		借项	贷项	借项	贷项
非税收入					政府性基金预算本级收入								
事业收入				事业收入	财政专户管理资金收入				05.将部门的事业收入与财政专户管理资金支出进行抵销			借：事业收入（财政专户管理资金）	
事业收入				事业收入					02.抵销政府部门之间的收入费用事项			借：事业收入（来自同级部门部分）	
经营收入				经营收入									

（续表）

政府综合会计报表项目	包括抵销调整后合计	包括抵销后合计	原有金额合计	被合并主体报表项目					备注	调整分录		抵销分录	
				政府部门会计报表项目	财政总预算会计报表项目	农业综合开发资金会计报表项目	土地储备资金财务报表项目	物资储备资金会计报表项目		借项	贷项	借项	贷项
投资收益				投资收益					23. 将未确认的政府在企业中享有的国有资本权益，应收股利、投资收益予以确认		贷：投资收益		
政府间转移性收入				上级补助收入	一般公共预算补助收入				22. 将财政总预算会计中已核算的股权投资收益调出		贷：投资收益		

（续表）

政府综合会计报表项目	包括抵销调整后合计	包括抵销后合计	原有金额合计	被合并主体报表项目					备注	调整分录		抵销分录	
				政府部门会计报表项目	财政总预算会计报表项目	农业综合开发资金会计报表项目	土地储备资金财务报表项目	物资储备资金会计报表项目		借项	贷项	借项	贷项
				其他收入（来自非政府同级政府部门的部分）	政府性基金预算补助收入								
政府间转移性收入					一般公共预算上解收入								
					政府性基金上解收入								
					地区间援助收入								

（续表）

政府综合会计报表项目	包括抵销调整后合计	包括抵销后合计	原有金额合计	被合并主体报表项目					备注	调整分录		抵销分录	
				政府部门会计报表项目	财政总预算会计报表项目	农业综合开发资金会计报表项目	土地储备资金财务报表项目	物资储备资金会计报表项目		借项	贷项	借项	贷项
其他收入				其他收入（除了来自非同级政府部门的部分）			其他收入		02.抵销政府部门之间的收入费用事项			借：其他收入（来自同级政府部门）	
									11.将财政内部的不属于一般公共预算安排的专用基金收入调整到其他收入中		贷：其他收入		
待抵消调整项目				财政拨款收入			财政拨款收入		04.将政府部门的财政拨款收入与一般公共预算支出、政府性基金预算支出等相关支出进行抵销			借：财政拨款收入	

（续表）

政府综合会计报表项目			被合并主体报表项目					备注	调整分录		抵销分录	
包括抵销调整后合计	包括抵销后合计	原有金额合计	政府部门会计报表项目	财政总预算会计报表项目	农业综合开发资金会计报表项目	土地储备资金财务报表项目	物资储备资金会计报表项目		借项	贷项	借项	贷项
				调入资金				09.将财政内部不同类型资金之间的调入事项进行抵销			借：调入资金	
				国有资本经营预算本级收入				12.国有资本经营预算收入不属于收入，应予以调减，并调整净资产	借：国有资本经营预算收入			
待抵销调整项目				动用预算稳定调节基金				13.动用调节基金不属于收入，应予以调减，并调整净资产	借：动用预算稳定调节基金			

（续表）

政府综合会计报表项目			被合并主体报表项目					备注	调整分录		抵销分录	
包括抵销调整后合计	包括抵销后合计	原有金额合计	政府部门会计报表项目	财政总预算会计报表项目	农业综合开发资金会计报表项目	土地储备资金财务报表项目	物资储备资金会计报表项目		借项	贷项	借项	贷项
待抵消调整项目				债务收入				15. 债务收入不属于转干收入，应予以调整，并调整净资产	借：债务收入			
				债务转贷收入				16. 债务转贷收入不属于转干收入，应予以调整，并调整净资产	借：债务转贷收入			
				专用基金收入				08. 将财政内部的来自一般公共预算安排的专用基金收入与相应的一般公共预算支出进行抵销			借：专用基金收入	

（续表）

政府综合会计报表项目	包括抵销调整后合计	包括抵销后合计 原有金额合计	被合并主体报表项目					备注	调整分录		抵销分录	
			政府部门会计报表项目	财政总预算会计报表项目	农业综合开发资金会计报表项目	土地备备资金财务报表项目	物资备备资金会计报表项目		借项	贷项	借项	贷项
待抵消调整项目								11.将财政内部的不属于一般公共预算安排的专用基金收入的专用基金收入人调整到其他收入中	借：专用基金收入			
收入合计												
五、费用类												
工资福利费用			工资福利费用					20.将财政直接安排支出分析调整计入相应费用报表项目	借：工资福利费用			
工资福利费用			工资福利费用					21.将财政支出的专用基金计入相应的费用报表项目	借：工资福利费用			

（续表）

政府综合会计报表项目	包括抵销调整后合计	包括抵销后合计	原有金额合计	被合并主体报表项目					备注	调整分录		抵销分录	
				政府部门会计报表项目	财政总预算会计报表项目	农业综合开发资金会计报表项目	土地储备资金财务报表项目	物资储备资金会计报表项目		借项	贷项	借项	贷项
商品和服务费用				商品和服务费用					02.抵销政府部门之间的收入费用事项				贷：商品和服务费用
									20.将财政直接安排支出计入相应调整费用报表项目	借：商品和服务费用			
									21.将财政的专用基金支出调整计入相应的费用报表项目	借：商品和服务费用			
对个人和家庭的补助				对个人和家庭的补助					20.将财政直接安排支出计入相应调整费用报表项目	借：对个人和家庭的补助			

（续表）

政府综合会计报表项目	包括抵销调整后合计	包括抵销后合计	原有金额合计	被合并主体报表项目					备注	调整分录		抵销分录	
				政府部门会计报表项目	财政总预算会计报表项目	农业综合开发资金会计报表项目	土地储备资金财务报表项目	物资储备资金会计报表项目		借项	贷项	借项	贷项
对个人和家庭的补助				对个人和家庭的补助					21. 将财政的专用基金计入调整相应的费用报表项目	借：对个人和家庭的补助			
对企事业单位的补贴				对企事业单位的补贴		用于产业化项目支出			20. 将财政直接安排支出分析调整计入相应费用报表项目	借：对企事业单位的补贴			
									21. 将财政的专用基金计入调整相应的费用报表项目	借：对企事业单位的补贴			
政府间转移性支出				上缴上级支出	补助支出								
					上解支出								

217

（续表）

政府综合会计报表项目	包括抵销调整后合计	包括抵销后合计	原有金额合计	被合并主体报表项目					备注	调整分录		抵销分录	
				政府部门会计报表项目	财政总预算会计报表项目	农业综合开发资金会计报表项目	土地储备资金财务报表项目	物资储备资金会计报表项目		借项	贷项	借项	贷项
政府间转移性支出					地区间接助支出								
折旧费用				折旧费用									
摊销费用				摊销费用									
财务费用				财务费用	一般公共预算本级支出/政府性基金预算本级支出				20.将财政直接安排支出计入相应调整分析费用报表项目	财务费用			
经营费用				经营费用									
其他费用				其他费用	用于土地治理项目支出								

（续表）

政府综合会计报表项目	包括抵销调整后合计	包括抵销后合计	原有金额合计	被合并主体报表项目					备注	调整分录		抵销分录	
				政府部门会计报表项目	财政总预算会计报表项目	农业综合开发资金会计报表项目	土地储备资金财务报表项目	物资储备资金会计报表项目		借项	贷项	借项	贷项
待调整抵销项目					财政专户管理资金支出				05.将部门的事业收入与财政的财政专户管理资金支出进行抵销				贷：财政专户管理资金支出
					一般公共预算本级支出				04.将部门的一般公共预算收入与财政拨入的一般公共预算支出，政府性基金预算支出等支出进行抵销				贷：一般公共预算本级支出
									19.财政直接发生的股权投资等资本性费用，不属于支出，应予以调减，并调整净资产		贷：一般公共预算本级支出		

（续表）

政府综合会计报表项目	包括抵销调整后合计	包括抵销后合计	原有金额合计	政府部门会计报表项目	财政总预算会计报表项目	农业综合开发资金会计报表项目	土地储备资金财务报表项目	物资储备资金会计报表项目	备注	调整分录 借项	调整分录 贷项	抵销分录 借项	抵销分录 贷项
									08.将财政内部的来自一般公共预算安排的专用基金收入与相应的一般公共预算本级支出进行抵销				贷：一般公共预算本级支出
待调整抵销项目					政府性基金预算本级支出				20.将财政直接安排计入分析调整支出人相应费用报表项目		贷：一般公共预算本级支出		
									04.将财政拨款收入与财政安排的一般公共支出、政府性基金预算本级支出等相关支出进行抵销				贷：政府性基金预算本级支出

（续表）

政府综合会计报表项目	包括抵销调整后合计	包括抵销后合计	原有金额合计	被合并主体报表项目					备注	调整分录		抵销分录	
				政府部门会计报表项目	财政总预算会计报表项目	农业综合开发资金会计报表项目	土地储备资金财务报表项目	物资储备资金会计报表项目		借项	贷项	借项	贷项
待调整抵销项目					国有资本经营预算本级支出				19. 财政直接发生的股权投资等资本性费用，不属于费用，应予以调减，并调整净资产		贷：政府性基金预算本级支出		
									20. 将财政支出分析安排财政支出计入相应费用项目		贷：政府性基金预算本级支出		
									19. 财政直接发生的股权投资等资本性费用，不属于费用，应予以调减，并调整净资产		贷：国有资本经营预算本级支出		

221

（续表）

政府综合会计报表项目	包括抵销调整后合计	包括抵销后合计	原有金额合计	被合并主体报表项目					备注	调整分录		抵销分录	
				政府部门会计报表项目	财政总决算会计报表项目	农业综合开发资金会计报表项目	土地储备资金财务报表项目	物资储备资金会计报表项目		借项	贷项	借项	贷项
待调整抵销项目					调出资金				20.将财政直接安排支出人分析调整人相应费用报表项目		贷:国有资本经营预算本级支出		
									09.将财政内部不同类型资金之间的调入调出事项进行抵销				贷:调出资金
					债务还本支出				17.债务还本支出不属于费用,应予以调减,并调整净资产		贷:债务还本支出		
					债务转贷支出				18.债务转贷支出不属于费用,应予以调减,并调整净资产		贷:债务转贷支出		

（续表）

政府综合会计报表项目	包括抵销调整后合计	包括抵销后合计	原有金额合计	被合并主体报表项目					备注	调整分录		抵销分录	
				政府部门会计报表项目	财政总预算会计报表项目	农业综合开发资金会计报表项目	土地储备财务资金报表项目	物资储备资金会计报表项目		借项	贷项	借项	贷项
待调整抵销项目					安排预算稳定调节基金				14.安排预算稳定调节基金不属于费用，应予以调减，并调整		贷：安排预算稳定调节基金		
									净资产				
					专用基金支出				21.将财政的专用基金支出计入相应的费用报表项目		贷：专用基金支出		
							支付项目支出		24.交付项目支出不属于费用，应予以调减，并调整净资产		贷：项目支出		
费用合计													

223

（续表）

政府综合会计报表项目	包括抵销调整后合计	包括抵销后合计	原有金额合计	被合并主体报表项目					备注	调整分录		抵销分录	
				政府部门会计报表项目	财政总预算会计报表项目	农业综合开发资金会计报表项目	土地储备资金财务报表项目	物资储备资金会计报表项目		借项	贷项	借项	贷项
六、当期盈余													
原有收支差额													
抵销后的收支差额													
当期盈余													

附3 被合并主体报表项目与政府综合会计报表项目对照表

附3-1 政府部门会计报表项目对照表

政府综合会计报表项目	政府部门会计报表项目	项目说明
一、资产类		
货币资金	货币资金	
应收及预付款项	应收票据	部门之间抵销事项。与同级政府部门应付账款、长期应付款、预收账款、其他应付款进行抵销。
	应收账款	
	预付账款	
	其他应收款	
应收利息	应收利息	
应收股利	应收股利	
短期投资	短期投资	
存货	存货	
一年内到期的非流动资产	一年内到期的非流动资产	
长期投资	长期投资	
应收转贷款	——	
固定资产净值	固定资产净值	
在建工程	在建工程	
政府储备资产	政府储备资产	
无形资产净值	无形资产净值	
公共基础设施净值	公共基础设施净值	
公共基础设施在建工程	公共基础设施在建工程	
其他资产	其他资产	

（续表）

政府综合会计报表项目	政府部门会计报表项目	项目说明
受托代理负债	受托代理负债	
待抵销调整项目	财政应返还额度	财政与部门之间抵销事项。抵销财政与部门、土地储备资金、物资储备资金之间的往来事项。
二、负债类		
应付短期政府债券	——	
短期借款	短期借款	
应付及预收款项	应付票据	
	应付账款	部门之间抵销事项。与同级政府部门应收账款、预付账款、其他应收款进行抵销。
	预收账款	
	其他应付款	财政与部门之间抵销事项。将财政的借出款项与部门其他应付款科目进行抵销。
应付利息	应付利息	
应付职工薪酬	应付职工薪酬	
应付政府补贴款	应付政府补贴款	
一年内到期的非流动负债	一年内到期的非流动负债	
应付长期政府债券	——	
应付转贷款	——	
长期借款	长期借款	

（续表）

政府综合会计报表项目	政府部门会计报表项目	项目说明
长期应付款	长期应付款	部门之间抵销事项。与同级政府部门应付账款、预收账款、其他应付款进行抵销。
受托代理负债	受托代理负债	
其他负债	应缴税费	
	应缴财政款	
待抵销调整项目	——	
三、净资产类		
净资产	净资产	
四、收入类		
税收收入	——	
非税收入	——	
事业收入	事业收入	财政与部门之间抵销事项。与财政专户管理资金支出进行抵销。
		部门之间抵销事项。与支付给同级政府部门的商品和服务费用进行抵销。
经营收入	经营收入	
投资收益	投资收益	
政府间转移性收入	上级补助收入	
	其他收入	来自非同级政府部门的部分

（续表）

政府综合会计报表项目	政府部门会计报表项目	项目说明
其他收入	其他收入	除来自非同级政府部门部分以外的部分
待抵销调整项目	财政拨款收入	财政与部门之间抵销事项。将部门的财政拨款收入与财政的一般公共预算支出、政府性基金预算支出等相关支出进行抵销。
五、费用类		
工资福利费用	工资福利费用	
商品和服务费用	商品和服务费用	部门之间抵销事项。与来自同级政府部门的其他收入和事业收入进行抵销。
对个人和家庭的补助	对个人和家庭的补助	
对企事业单位的补贴	对企事业单位的补贴	
政府间转移性支出	上缴上级支出	
折旧费用	折旧费用	
摊销费用	摊销费用	
财务费用	财务费用	
经营费用	经营费用	
其他费用	其他费用	

附 3-2 财政总预算会计报表项目对照表

政府综合会计报表项目	财政总预算会计报表项目	项目说明
一、资产类		
货币资金 国库现金管理存款 其他财政存款	国库存款	
	财政内部调整事项。将财政代管的部门资金予以调减。	
应收及预付款项 其他应收款 与下级往来	在途款	
应收利息	应收利息	
应收股利	应收股利	
短期投资	有价证券	
存货	——	
一年内到期的非流动资产 应收主权外债转贷款（1年内到期或变现）	应收地方政府债券转贷款（1年内到期或变现）	
长期投资	股权投资	
应收转贷款 应收主权外债转贷款（剔除1年内到期或变现的部分）	应收地方政府债券转贷款（剔除1年内到期或变现的部分）	
固定资产净值	——	
在建工程	——	
政府储备资产	——	

（续表）

政府综合会计报表项目	财政总预算会计报表项目	项目说明
无形资产净值	——	
公共基础设施净值	——	
公共基础设施在建工程	——	
其他资产	待发国债	
受托代理负债	——	
待抵销调整项目 预拨经费	借出款项	财政与部门之间抵销事项。将财政的借出款项与部门其他应付款科目进行抵销。
	财政与部门之间抵销事项。与部门中的其他应付款进行抵销。	
二、负债类		
应付短期政府债券	应付短期政府债券	
短期借款	——	
应付及预收款项 其他应付款	与上级往来	
应付利息	应付利息	
应付职工薪酬	——	
应付政府补贴款	——	
一年内到期的非流动负债	一年内到期的非流动负债	
应付长期政府债券	应付长期政府债券	
应付转贷款 应付主权外债转贷款	应付地方政府债券转贷款	

（续表）

政府综合会计报表项目	财政总预算会计报表项目	项目说明
长期借款	借入款项	
长期应付款	——	
受托代理负债	——	
其他负债	其他负债	
待抵销调整项目 应付代管资金	应付国库集中支付结余	财政与部门之间抵销事项。抵销财政与部门、土地储备资金、物资储备资金之间的往来事项。
	财政内部调整事项。将财政代管的部门资金予以调减。	
三、净资产类		
净资产 政府性基金预算结转结余 国有资本经营预算结转结余 财政专户管理资金结余	一般公共预算结转结余	财政内部调整事项。国有资本经营预算收入不属于收入，应予以调减，并调整净资产。
	财政内部调整事项。动用预算稳定调节基金不属于收入，应予以调减，并调整净资产。	
	财政内部调整事项。债务收入不属于收入，应予以调减，并调整净资产。	
	财政内部调整事项。债务转贷收入不属于收入，应予以调减，并调整净资产。	

（续表）

政府综合会计报表项目	财政总预算会计报表项目	项目说明
净资产 预算稳定调节基金 预算周转金 资产基金 待偿债净资产 （用负数填列）	专用基金结余	财政内部调整事项。债务还本支出不属于费用，应予以调减，并调整净资产。
	财政内部调整事项。债务转贷支出不属于费用，应予以调减，并调整净资产。	
	财政内部调整事项。安排预算稳定调节基金不属于费用，应予以调减，并调整净资产。	
	财政内部调整事项。财政直接发生的股权投资等资本性支出不属于费用，应予以调减，并调整净资产。	
四、收入类		
税收收入	一般公共预算本级收入中税收收入	
非税收入 政府性基金预算本级收入	一般公共预算本级收入中非税收入	财政与部门之间调整事项。将部门的应缴预算款调整为非税收入。
事业收入	财政专户管理资金收入	
经营收入	——	
投资收益	——	
政府间转移性收入 政府性基金预算补助收入	一般公共预算补助收入	
一般公共预算上解收入		

（续表）

政府综合会计报表项目	财政总预算会计报表项目	项目说明
政府间转移性收入 地区间援助收入	政府性基金预算上解收入	
其他收入	——	财政内部调整事项。将财政内部中不属于一般公共预算安排的专用基金收入调整到其他收入中。
待抵销调整项目 国有资本经营预算本级收入 动用预算稳定调节基金 债务收入 债务转贷收入 专用基金收入	调入资金	财政内部抵销事项。与财政内部调出资金进行抵销。
	财政内部调整事项。国有资本经营预算收入不属于收入，应予以调减，并调整净资产。	
	财政内部调整事项。动用预算稳定调节基金不属于收入，应予以调减，并调整净资产。	
	财政内部调整事项。债务收入不属于收入，应予以调减，并调整净资产。	
	财政内部调整事项。债务转贷收入不属于收入，应予以调减，并调整净资产。	
	财政内部抵销事项。将财政内部的来自一般公共预算安排的专用基金收入与相应的一般公共预算支出进行抵销。	
	财政内部调整事项。将财政内部中不属于一般公共	

（续表）

政府综合会计报表项目	财政总预算会计报表项目	项目说明
待抵销调整项目	专用基金收入	预算安排的专用基金收入调整到其他收入中。
五、费用类		
工资福利费用	——	
商品和服务费用	——	财政内部调整事项。将财政的预算支出与部门的拨款收入未抵销完的部分调整计入相应费用报表项目。
对个人和家庭的补助	——	财政内部调整事项。将财政的预算支出与部门的拨款收入未抵销完的部分调整计入相应费用报表项目。
对企事业单位的补贴	——	
政府间转移性支出 上解支出 地区间援助支出	补助支出	
折旧费用	——	
摊销费用	——	
财务费用	——	
经营费用	——	
其他费用	——	

（续表）

政府综合会计报表项目	财政总预算会计报表项目	项目说明
待抵销调整项目	一般公共预算本级支出 财政与部门之间抵销事项。将农业综合开发资金中的拨入本级财政资金与财政的一般公共预算支出等进行抵销。 财政与部门之间抵销事项。将赠款项目中拨入配套资金（来自同级财政的部分）与财政的相关支出抵销。 财政内部调整事项。财政直接发生的股权投资等资本性支出不属于费用，应予以调减，并调整净资产。 财政内部抵销事项。将财政内部的来自一般公共预算安排的专用基金收入与相应的一般公共预算支出进行抵销。	财政与部门之间抵销事项。将部门的财政拨款收入与财政的一般公共预算支出、政府性基金预算支出等相关支出进行抵销。
	一般公共预算本级支出	财政内部调整事项。将财政的预算支出与部门的拨款收入未抵销完的部分调整计入相应费用报表项目。

（续表）

政府综合会计报表项目	财政总预算会计报表项目	项目说明
待抵销调整项目	政府性基金预算本级支出财政与部门之间抵销事项。将农业综合开发资金中的拨入本级财政资金与财政的一般公共预算支出等进行抵销。 财政与部门之间抵销事项。将赠款项目中拨入配套资金（来自同级财政的部分）与财政的相关支出抵销。 财政内部调整事项。财政直接发生的股权投资等资本性支出不属于费用，应予以调减，并调整净资产。 财政内部调整事项。将财政的预算支出与部门的拨款收入未抵销完的部分调整计入相应费用报表项目。	财政与部门之间抵销事项。将部门的财政拨款收入与财政的一般公共预算支出、政府性基金预算支出等相关支出进行抵销。
	国有资本经营预算本级支出财政内部调整事项。将财政的直接支出分析调整计入	财政内部调整事项。财政直接发生的股权投资等资本性支出不属于费用，应予以调减，并调整净资产。
	国有资本经营预算本级支出	相应费用报表项目。
	财政专户管理资金支出	财政与部门之间抵销事项。与部门的事业收入（财政专户管理资金）进行抵销。

（续表）

政府综合会计报表项目	财政总预算会计报表项目	项目说明
待抵销调整项目 调出资金 债务还本支出 债务转贷支出 安排预算稳定调节基金 专用基金支出	财政内部抵销事项。与财政内部调入资金进行抵销。	
	财政内部调整事项。债务还本支出不属于费用，应予以调减，并调整净资产。	
	财政内部调整事项。债务转贷支出不属于费用，应予以调减，并调整净资产。	
	财政内部调整事项。安排预算稳定调节基金不属于费用，应予以调减，并调整净资产。	
	财政与部门之间调整事项。将财政的专用基金支出调整计入相应的费用报表项目。	

附3-3 农业综合开发资金会计报表项目对照表

政府综合会计报表项目	农业综合开发资金报表项目	项目说明
一、资产类		
货币资金	——	
	——	
应收及预付款项	转出参股经营资金	
	有偿资金放款	
	委托贷款	
	借出有偿资金	
应收利息	——	

（续表）

政府综合会计报表项目	农业综合开发资金报表项目	项目说明
应收股利	——	
短期投资	——	
存货	——	
一年内到期的非流动资产	——	
长期投资	参股经营投资	
应收转贷款	——	
固定资产净值	——	
在建工程	——	
政府储备资产	——	
无形资产净值	——	
公共基础设施净值	——	
公共基础设施在建工程	——	
其他资产	待处理有偿资金	
受托代理负债	——	
二、负债类		
应付短期政府债券	——	
短期借款	借入有偿资金	属于短期的部分
应付及预收款项	转入参股经营资金	
	——	
应付利息	——	
应付职工薪酬	——	
应付政府补贴款	——	
一年内到期的非流动负债		

（续表）

政府综合会计报表项目	农业综合开发资金报表项目	项目说明
应付长期政府债券	——	
应付转贷款	——	
长期借款	借入有偿资金	属于长期的部分
长期应付款	——	
受托代理负债	——	
其他负债	——	
三、净资产类		
净资产	本级有偿资金	
	——	
	参股经营收益	
	本级参股经营资金	
四、收入类		
税收收入	——	
非税收入	——	
事业收入	——	
经营收入	——	
投资收益	——	
政府间转移性收入	——	
	——	
其他收入	——	
	——	
待抵销调整项目	——	
五、费用类		
工资福利费用	——	

（续表）

政府综合会计报表项目	农业综合开发资金报表项目	项目说明
商品和服务费用	——	
对个人和家庭的补助	——	
对企事业单位的补贴		根据用于产业化项目的支出填列
政府间转移性支出	——	
折旧费用	——	
摊销费用	——	
财务费用	——	
经营费用	——	
其他费用		根据用于土地治理项目的支出填列

附3-4　土地储备资金财务报表项目对照表

政府综合会计报表项目	土地储备资金财务报表	项目说明
一、资产类		
货币资金	库存现金	
	银行存款	
应收及预付款项	预付工程款	
	其他应收款	
借出款项	——	
应收利息	应收利息	
应收股利	——	
短期投资	——	
存货	——	

（续表）

政府综合会计报表项目	土地储备资金财务报表	项目说明
一年内到期的非流动资产	——	
长期投资	——	
应收转贷款	——	
固定资产净值	——	
在建工程	收储项目	
政府储备资产	——	
无形资产净值	——	
公共基础设施净值	——	
公共基础设施在建工程	——	
其他资产	待摊支出	
受托代理负债	——	
待抵销调整项目	财政应返还额度	财政与部门之间抵销事项。抵销财政与部门、土地储备资金、物资储备资金之间的往来事项。
二、负债类		
应付短期政府债券	——	
短期借款	短期借款	
应付及预收款项	应付工程款	
	其他应付款	
应付利息	应付利息	
应付职工薪酬	——	
应付政府补贴款	——	

（续表）

政府综合会计报表项目	土地储备资金财务报表	项目说明
一年内到期的非流动负债	——	
应付长期政府债券	——	
应付转贷款	——	
长期借款	长期借款	
长期应付款	——	
受托代理负债	——	
其他负债	应交税费	
三、净资产类		
净资产	土地储备资金	
四、收入类		
税收收入	——	
非税收入	——	
事业收入	——	
经营收入	——	
投资收益	——	
政府间转移性收入	——	
其他收入	其他收入	
待抵销调整项目	财政拨款收入	财政与部门之间抵销事项。将部门的财政拨款收入与财政的一般公共预算支出、政府性基金预算支出等相关支出进行抵销。
五、费用类		
工资福利费用	——	

（续表）

政府综合会计报表项目	土地储备资金财务报表	项目说明
商品和服务费用	——	
对个人和家庭的补助	——	
对企事业单位的补贴	——	
政府间转移性支出	——	
折旧费用	——	
摊销费用	——	
财务费用	——	
经营费用	——	
其他费用	——	
待抵销调整项目	交付项目支出	其他调整事项。交付项目支出不属于费用，应予以调减，并调整净资产。

附 3-5 物资储备资金会计报表项目对照表

政府综合会计报表项目	物资储备资金会计报表	项目说明
一、资产类		
货币资金	库存现金	
	银行存款	
	外汇存款	
应收及预付款项	转账收款	
	应收账款	
	合同预付款	
	应收索赔款	
借出款项	——	
应收利息	——	

（续表）

政府综合会计报表项目	物资储备资金会计报表	项目说明
应收股利	——	
短期投资	——	
存货	——	
一年内到期的非流动资产	——	
长期投资	——	
应收转贷款	——	
固定资产净值	——	
在建工程	——	
政府储备资产	库存储备物资	
	库存专案物资	
	借出储备物资	
	借出专案物资	
	其他待转资产	
	收储物资	
	物资进货费	
	专项储备物资	
无形资产净值	——	
公共基础设施净值	——	
公共基础设施在建工程	——	
其他资产	待处理物资短少	
受托代理负债	——	
待抵销调整项目	财政预算额度	

（续表）

政府综合会计报表项目	物资储备资金会计报表	项目说明
二、负债类		
应付短期政府债券	——	
短期借款	借入款项（属于短期的部分）	
应付及预收款项	应付账款	
	划收货款	
	合同预收款	
应付利息	——	
应付职工薪酬	——	
应付政府补贴款	——	
一年内到期的非流动负债	——	
应付长期政府债券	——	
应付转贷款	——	
长期借款	借入款项（属于长期的部分）	
长期应付款	——	
受托代理负债	——	
其他负债	应交税金	
	待处理物资溢余	
	应上交资金	
三、净资产类		
净资产	储备基金	
	08 专项贷款基金	

（续表）

政府综合会计报表项目	物资储备资金会计报表	项目说明
净资产	财政预算基金	
	收入合计与支出合计的差额	
四、收入类		
税收收入	——	
非税收入	——	
事业收入	——	
经营收入	——	
投资收益	——	
政府间转移收入	——	
其他收入	——	
待抵销调整项目	——	
五、费用类		
工资福利费用	——	
商品和服务费用	——	
对个人和家庭的补助	——	
对企事业单位的补贴	——	
政府间转移性支出	——	
折旧费用	——	
摊销费用	——	
财务费用	——	
经营费用	——	
其他费用	——	
待抵销调整项目	——	

附 4　抵销调整事项清单

抵销调整事项清单

序号	事项说明	分录	事项分类
1	抵销政府部门之间的债权债务事项	借：应付账款/长期应付款/预收账款/其他应付款 贷：应收账款/预付账款/其他应收款	部门之间抵销事项
2	抵销政府部门之间的收入费用事项	借：其他收入/事业收入（来自同级政府部门） 贷：商品和服务费用（支付给同级政府部门）	部门之间抵销事项
3	抵销财政与部门、土地储备资金、物资储备资金之间的往来事项	借：应付国库集中支付结余 贷：财政应返还额度/财政预算额度	财政与部门及相关资金主体之间抵销事项
4	将部门的财政拨款收入与财政的一般公共预算支出、政府性基金预算支出等相关支出进行抵销	借：财政拨款收入 贷：一般公共预算本级支出/政府性基金预算本级支出等	财政与部门及相关资金主体之间抵销事项
5	将部门的事业收入与财政的财政专户管理资金支出进行抵销	借：事业收入（财政专户管理资金） 贷：财政专户管理资金支出	财政与部门及相关资金主体之间抵销事项
6	将财政的借出款项与部门的其他应付款进行抵销	借：其他应付款 贷：借出款项	财政与部门及相关资金主体之间抵销事项
7	将财政的预拨经费与部门的其他应付款进行抵销	借：其他应付款 贷：预拨经费	财政与部门及相关资金主体之间抵销事项

（续表）

序号	事项说明	分录	事项分类
8	将财政内部的来自一般公共预算安排的专用基金收入与相应的一般公共预算本级支出进行抵销	借：专用基金收入 贷：一般公共预算本级支出	财政内部抵销事项
9	将财政内部不同类型资金之间的调入调出事项进行抵销	借：调入资金 贷：调出资金	财政内部抵销事项
10	将财政代管的部门资金予以调减	借：应付代管资金 贷：其他财政存款	财政内部调整事项
11	将财政内部的不属于一般公共预算安排的专用基金收入调整到其他收入中	借：专用基金收入 贷：其他收入	财政内部调整事项
12	国有资本经营预算收入不属于收入，应予以调减，并调整净资产	借：国有资本经营本级预算收入 贷：净资产	财政内部调整事项
13	动用预算稳定调节基金不属于收入，应予以调减，并调整净资产	借：动用预算稳定调节基金 贷：净资产	财政内部调整事项
14	安排预算稳定调节基金不属于费用，应予以调减，并调整净资产	借：净资产 贷：安排预算稳定调节基金	财政内部调整事项
15	债务收入不属于收入，应予以调减，并调整净资产	借：债务收入 贷：净资产	财政内部调整事项
16	债务转贷收入不属于收入，应予以调减，并调整净资产	借：债务转贷收入 贷：净资产	财政内部调整事项
17	债务还本支出不属于费用，应予以调减，并调整净资产	借：净资产 贷：债务还本支出	财政内部调整事项

（续表）

序号	事项说明	分录	事项分类
18	债务转贷支出不属于费用，应予以调减，并调整净资产	借：净资产 贷：债务转贷支出	财政内部调整事项
19	财政直接发生的股权投资等资本性支出不属于费用，应予以调减，并调整净资产	借：净资产 贷：一般公共预算本级支出／政府性基金预算本级支出／国有资本经营预算本级支出	财政内部调整事项
20	将财政直接安排支出分析调整计入相应费用报表项目	借：工资福利费用／商品和服务费用／对个人和家庭的补助／对企事业单位的补贴／财务费用 贷：一般公共预算本级支出／政府性基金预算本级支出／国有资本经营预算本级支出	财政内部调整事项
21	将财政的专用基金支出调整计入相应的费用报表项目	借：商品和服务费用／对个人和家庭的补助／对企事业单位的补贴 贷：专用基金支出	财政内部调整事项
22	将财政总预算会计中已核算的股权投资收益调出	借：净资产 贷：投资收益	财政内部调整事项
23	将未确认的政府在企业中享有的国有资本权益、应收股利、投资收益予以确认	借：应收股利／长期投资 贷：投资收益／净资产	新增事项
24	交付项目支出不属于费用，应予以调减，并调整净资产	借：净资产 贷：交付项目支出	其他调整事项

政府财务报告编制办法（试行）

第一章 总 则

第一条 为规范权责发生制政府综合财务报告制度改革试点期间的政府财务报告编制工作，确保政府财务报告真实、准确、完整、规范，根据《中华人民共和国预算法》、《中华人民共和国会计法》、《国务院关于批转财政部权责发生制政府综合财务报告制度改革方案的通知》（国发〔2014〕63号）、《政府会计准则——基本准则》（财政部令第78号）等规定，制定本办法。

第二条 本办法适用于各级政府、各部门、各单位。

第三条 政府财务报告以权责发生制为基础编制，包括政府部门财务报告和政府综合财务报告。

政府部门财务报告由政府部门编制，主要反映本部门财务状况、运行情况等，为加强政府部门资产负债管理、预算管理、绩效管理等提供信息支撑。

政府综合财务报告由政府财政部门编制，主要反映政府整体财务状况、运行情况和财政中长期可持续性等，可作为考核地方政府绩效、开展地方政府信用评级、评估预警地方政府债务风险、编制全国和地方资产负债表以及制定财政中长期规划和其他相关规划的重要依据。

本办法所称政府整体财务状况、运行情况是指政府财政部门将各部门和其他纳入财务报表合并范围的各主体的财务报表进行合并汇总，并以合并汇总的结果反映的政府整体财务状况和运行情况。

第二章 政府财务报告主要内容

第一节 政府部门财务报告主要内容

第四条 政府部门财务报告应当包括会计报表、报表附注、财务分析等。

第五条 会计报表主要包括资产负债表、收入费用表及当期盈余与预算结余差异表等。

资产负债表重点反映政府部门年末财务状况。资产负债表应当按照资产、负债和净资产分类分项列示。其中，资产应当按照流动性分类分项列示，包括流动资产、非流动资产等；负债应当按照流动性分类分项列示，包括流动负债、非流动负债等。

收入费用表重点反映政府部门年度运行情况。收入费用表应当按照收入、费用和盈余分类分项列示。

当期盈余与预算结余差异表重点反映政府部门权责发生制基础当期盈余与现行会计制度下当期预算结余之间的差异。

第六条 报表附注重点对财务报表作进一步解释说明，一般应当按照下列顺序披露：

（一）报表的编制基础、遵循政府会计准则和会计制度的声明；

（二）报表涵盖的主体范围；

（三）重要会计政策和会计估计；

（四）报表中重要项目的明细资料和进一步说明；

（五）或有和承诺事项、资产负债表日后重大事项的说明；

（六）部门及所属单位代表政府管理的有关经济业务或事项的说明，包括政府储备资产、公共基础设施、保障性住房等；

（七）需要说明的其他事项。

第七条 政府部门财务分析主要包括资产负债状况分析、运行情况分析、相关指标变化情况及趋势分析等。

第二节 政府综合财务报告主要内容

第八条 政府综合财务报告应当包括会计报表、报表附注、财政经济分析、政府财政财务管理情况等。

第九条　会计报表主要包括资产负债表、收入费用表及当期盈余与预算结余差异表等。

资产负债表重点反映政府整体年末财务状况。资产负债表应当按照资产、负债和净资产分类分项列示。其中，资产应当按照流动性分类分项列示，包括流动资产、非流动资产等；负债应当按照流动性分类分项列示，包括流动负债、非流动负债等。

收入费用表重点反映政府整体年度运行情况。收入费用表应当按照收入、费用和盈余分类分项列示。

当期盈余与预算结余差异表重点反映政府整体权责发生制基础当期盈余与现行会计制度下当期预算结余之间的差异。

第十条　报表附注重点对会计报表作进一步解释说明，一般应当按照下列顺序披露：

（一）报表的编制基础、遵循政府会计准则和会计制度的声明；

（二）报表涵盖的主体范围；

（三）重要会计政策和会计估计；

（四）报表中重要项目的明细资料和进一步说明，包括政府重要资产转让及其出售情况、重大投资、融资活动等；

（五）或有和承诺事项、资产负债表日后重大事项的说明；

（六）与政府履职和财务情况密切相关的经济业务或事项的说明，包括政府储备资产、公共基础设施、保障性住房、政府持有的企业的出资人权益等；

（七）需要说明的其他事项。

第十一条　政府财政经济分析应当包括财务状况分析、运行情况分析、财政中长期可持续性分析等。

政府财务状况分析主要包括：资产方面，重点分析政府资产的构成及分布，对于货币资产、政府对外投资、政府储备资产、公共基础设施、保障性住房等重要项目，分析各资产比重变化趋势以及对于政府偿债能力和公共服务能力的影响。负债方面，重点分析政府债务规模大小、债务结构以及发展趋势。通过政府资产负债率、债务率等指标，分析政府当期及未来中长期债务风险情况。

政府运行情况分析主要包括：收入方面，重点分析政府收入规模、结构及来源分布、重点收入项目的比重及变化趋势，特别是宏观经济运行、相关行业发展、税收政策、非税收入政策等对政府收入变动的影响。费用方面，重点按照经济分类分析政府费用规模及构成，特别是政府投融资情况对政府费用变动的影响。通过政府收入费用率等指标，分析政府运行效率。

财政中长期可持续性分析主要包括：基于当前政府财政财务状况和运行情况，结合本地区经济形势、重点产业发展趋势、财政体制、财税政策、社会保障政策等，全面分析政府未来中长期收入支出变化趋势、预测财政收支缺口以及相关负债占 GDP 比重等。

第十二条　政府财政财务管理情况，主要反映政府财政财务管理的政策要求、主要措施和取得成效等。

第三章　政府财务报告编制

第十三条　政府财务报告内容应当符合政府会计准则、政府相关财务会计制度等规定。

对于政府会计准则、政府相关财务会计制度尚未作出规定的经济业务或事项，编制政府财务报告应当按照权责发生制原则和相关报告标准规定执行。

第十四条　政府财务报告按公历年度编制，即每年 1 月 1 日至 12 月 31 日。

第十五条　政府财务报告应当以人民币作为报告币种。采用外币计量的项目，应当将有关外币金额折算为人民币金额计量。

第十六条　政府财务报告格式应当符合财政部统一规定。

第一节　政府部门财务报告编制

第十七条　政府部门财务报告由本部门所属单位逐级编制。政府各单位应当以经核对无误的会计账簿数据为基础编制本单位财务报表。

第十八条　政府各单位应当严格按照相关财政财务管理制度以及会计制度规定，全面清查核实单位的资产负债，做到账实相符、账证相符、账账相符、账表相符。对代表政府管理的资产，各单位应全面清查核实，完善基础资料，全面、准确、真实、完整地反映。

会计账簿相关数据不符合权责发生制原则的，应当提取数据后按照相关报告标准进行调整，数据调整应当符合重要性原则，并编制调整分录。

第十九条　政府各部门应当对所属各单位财务报表进行合并编制本部门财务报表。

编制合并财务报表时，对部门内部单位之间发生的经济业务或事项应当经过确认后抵销，并编制抵销分录，在此基础上分项合并财务报表项目。

第二十条　政府部门财务报表之间、财务报表各项目之间，凡有对应关系的数字，应当相互一致；报表中本期与上期有关的数字应当衔接。

第二十一条　各部门使用的会计政策、会计估计一经确定，不得随意变更；因特殊情形发生较大变更的，应当报同级财政部门备案，并陈述相关理由。

第二十二条　政府部门财务分析应当基于财务报表所反映的信息，并紧密结合政府部门职能履行、预算管理、资产负债管理和绩效管理等要求。

第二节　政府综合财务报告编制

第二十三条　政府财政部门应当以财政总预算会计报表、农业综合开发资金会计报表、部门财务报表、土地储备资金财务报表、物资储备资金会计报表等为基础编制政府综合财务报表。

第二十四条　政府财政部门应当严格按照相关财政管理制度以及会计制度规定，全面清查核实财政部门代表政府管理的资产负债等，做到账实相符、账证相符、账账相符、账表相符。

会计账簿相关数据不符合权责发生制原则的，应当提取数据后按照相关报告标准进行调整，数据调整应当符合重要性原则，并编制调整分录。

第二十五条　政府财政部门应当对本级财政总预算会计报表、农业综合开发资金会计报表、部门财务报表、土地储备资金财务报表、物资储备资金会计报表等进行合并，编制本级政府综合财务报表。对于未在财政总预算会计报表中反映的政府股权投资、投资收益等，暂按权益法从国有企业财务会计决算报表中取得相关数据纳入政府综合财务报表。

编制本级政府综合财务报表时，经确认后，应当对上述被合并报表之间经济业务或事项进行抵销，并编制抵销分录，在此基础上分项加总财务报表项目。县级以上政府财政部门要合并汇总本级政府综合财务报表和下级政府综合财务报表，编制本行政区政府综合财务报表。

第二十六条　政府综合财务报表之间、财务报表各项目之间，凡有对应关系的数字，应当相互一致；报表中本期与上期有关的数字应当衔接。

第二十七条　政府财政经济分析应当基于财务报表所反映的信息，结合经济形势状况和趋势、财政管理政策措施，对政府整体财务情况进行综合性分析。

第四章　政府财务报告报送

第二十八条　政府各单位按照财务管理关系，应当按规定内容和时限采取自下而上方式逐级报送财务报告。

第二十九条　政府部门财务报告应当按规定内容和时限报送同级政府财政部门。

第三十条　县级以上地方政府财政部门应当将本级政府综合财务报告以及本行政区政府综合财务报告，按规定内容和时限报送上级政府财政部门。

第五章　政府财务报告数据质量审核

第三十一条　政府财务报告数据质量审核重点是报告的真实性、准确性、完整性和规范性，具体包括：

（一）内容真实性：报表数据与会计账簿数据是否相符，是否有漏报、虚报和瞒报等现象。

（二）数据准确性：财务报表表内、表间勾稽关系是否衔接，纸质数据与电子数据、分户数据与合并汇总数据是否保持一致。

（三）范围完整性：是否涵盖所有报告主体和事项。

（四）格式规范性：会计报表、报表附注、分析说明的格式等是否符合政府财务报告编制制度规定。

第三十二条　政府各部门、各单位应当对本部门、本单位财务报告真实性、准确性、完整性、规范性进行初审并负责。政府财政部门应当对部门财务报告的准确性、完整性、规范性进行复审。

各级政府财政部门应当对本级政府综合财务报告真实性、准确性、完整性、规范性进行初审并负责。上级财政部门应认真做好对下级政府综合财务报告的审核工作，确保报告数据资料准确性、完整性、规范性。

第三十三条　政府财务报告的审核包括自行审核、集中会审、委托审核等多种形式。

（一）自行审核：各单位在报送财务报告前自行将本单位纸质报表、电子数据以及相关资料，按规定的审核内容进行逐项审核。

（二）集中会审：各地区、各部门组织专门力量对本地区、本部门所属单位编制的财务报告纸质报表、电子数据以及相关资料，按照财政部门的标准及要求集中进行审核。

（三）委托审核：各地区、各部门在遵循有关法律法规的前提下，可委托中介机构对本地区、本部门所属单位编制的财务报告纸质报表、电子数据以及相关资料进行审核。

第三十四条　各地区、各部门应当认真做好财务报告审核工作，凡发现报告编制不符合规定，存在漏报、重报、虚报、瞒报、错报以及相关数据不衔接等错误和问题，应当要求有关单位立即纠正，并限期重新报送。

第三十五条　政府财务报告审核应当采取人工审核和计算机审核相结合方式进行，审核方法主要包括政策性审核、规范性审核等。政策性审核主要依据政府会计准则、相关财务会计制度和有关政策规定，对财务报告进行审核；规范性审核侧重于财务报告编制的准确性和真实性及勾稽关系等方面的审核。

第三十六条　政府财务报告数据质量监督检查采取随机抽取与定向选择相结合的方式，对政府财务报告存在明显质量问题或以往年份监督检查不合格单位进行重点核查。

第六章　政府财务报告数据资料管理

第三十七条　政府财务报告数据资料包括以各种介质存放的政府财务报告及相关工作底稿等。

第三十八条　各部门、各单位应当按照会计档案管理相关规定，对部门财务报告数据资料进行归类整理、建档建库，并从计算机中传出备份保存。

各级政府财政部门应当按照会计档案管理相关规定对政府综合财务报告数据资料进行归类整理、建档建库，并从计算机中传出备份保存。

第三十九条　政府财务报告数据资料涉及国家秘密的，应当严格实行密级管理。

第七章　职责分工

第四十条　财政部是政府财务报告编制管理工作的主管部门。其职责主要是：

（一）制定政府财务报告编制的制度办法；

（二）制定全国统一的政府财务报告报表体系，明确报表格式要求和填报口径，组织和指导全国政府财务报告编报及软件使用的布置与培训；

（三）组织和指导全国政府财务报告的收集、审核、合并汇总和报送工作；

（四）组织和指导全国政府财务报告数据的分析利用；

（五）组织和指导全国政府财务报告数据质量监督检查；

（六）建立和管理全国政府财务报告数据库；

（七）组织和指导全国政府财务报告考核评价工作；

（八）审核中央政府各部门财务报告，合并编制中央政府综合财务报告；

（九）审核省本级和全省政府综合财务报告，合并汇总编制全国政府综合财务报告。

第四十一条　地方各级财政部门负责组织实施本地区政府财务报告的编制管理工作。其职责主要是：

（一）组织和指导本地区政府财务报告编报及软件使用的布置与培训；

（二）组织和指导本地区政府财务报告的收集、审核、合并汇总和报送工作；

（三）组织和指导本地区政府财务报告数据的分析利用；

（四）组织和指导本地区政府财务报告数据质量监督检查；

（五）建立和管理本地区政府财务报告数据库；

（六）组织和指导本地区政府财务报告考核评价工作；

（七）审核本级政府各部门财务报告，合并编制本级政府综合财务报告；

（八）审核下级政府综合财务报告，合并汇总编制本地区政府综合财务报告。

第四十二条　各部门负责组织实施本部门财务报告的编制管理工作，其职责主要是：

（一）组织本部门所属单位财务报告编报及软件使用的布置与培训；

（二）组织和指导本部门所属单位财务报告的收集、审核、合并汇总和报送工作；

（三）组织本部门财务报告数据的分析利用；

（四）组织本部门所属单位财务报告数据质量监督检查；

（五）建立和管理本部门所属单位财务报告数据库；

（六）组织本部门所属单位财务报告考核评价工作；

（七）审核本部门所属单位财务报表，合并编制本部门财务报表。

第八章　罚　　则

第四十三条　编制部门或单位未按照政府会计准则、政府相关财务会计制度和有关政策要求编报，导致政府财务报告内容不完整、信息披露不充分、数据信息质量较差的，责令重新编报，并予以通报批评。

第四十四条　政府财务报告编制工作中有弄虚作假、提供虚假财务信息，以及严重故意漏报、瞒报等行为的，按照《中华人民共和国预算法》、《中华人民共和国会计法》、《财政违法行为处罚处分条例》等有关法律法规予以处理。

第九章　附　　则

第四十五条　本办法自 2017 年 1 月 1 日起施行。